예수의
사랑

예수의 사랑

1판 1쇄 발행	2025년 11월 15일
저자	정영만
발행인	이선우
펴낸곳	도서출판 선우미디어

등록 | 1997. 8. 7 제305-2014-000020
02643 서울시 동대문구 장한로 12길 40, 101동 203호
☎ 2272-3351, 3352 팩스: 2272-5540
sunwoome@hanmail.net
Printed in Korea ⓒ 2025. 정영만

15,000원

※ 잘못된 책은 바꿔 드립니다.
※ 저자와 협의하여 인지 생략합니다.
※ 저작권법에 따라 무단 전재와 복제를 금합니다.

ISBN 978-89-5658-812-4 03810

예수의 사랑

예수 사랑으로 역경을 헤쳐나가는 한 디아스포라의 라이프스토리

정영만 자전에세이

믿음의 주요 또 온전하게 하시는 이인
예수를 바라보자.
그는 그 앞에 있는 기쁨을 위하여
십자가를 참으사 부끄러움을 개의치 아니하시더니
하나님 보좌 우편에 앉으셨느니라
-히브리서 12장 2절-

추천의 글

이 책의 주인공은 하나님이십니다

임정기 목사
덴버산 위에 교회

한 사람의 인생은 하나님께서 써가시는 작품이라고 말합니다. 이 책을 읽으면서 미소 지을 일이 많았습니다.

작가의 어릴 적 만난 인연들과 나눈 애틋한 대화들과 소소한 일상은 주변 사람들을 얼마나 소중히 여기는지 알게 해주었습니다. 비록 개인적인 기억들이지만 읽는 이의 보편적 감성과 경험으로 충분히 몰입하게 해주었고 저의 과거를 헤아려 보게 해주었습니다.

무엇보다 저자는 인생의 고비마다 전환점마다 하나님의 은혜가 있었음을 보여줍니다. 사업, 이민, 투병 등 무엇 하나 쉬운 일이 없었습니다. 그런데 저자는 이런 사망의 골짜기를 하나님과 함께 통과했다고 말합니다. 그래서 이 책에는 하나님이 주인공이십니다.

저자가 경험한 예수님의 사랑이 이 책을 읽는 모든 분에게도 흘러가기를 바랍니다.

저자의 말

많은 망설임과 두려움 가운데 내 인생 되어 생명으로 이 땅에 오던 날부터 추억을 소환해 보는 시간을 가지려고 나는 용기를 갖고 서투른 마음을 시작한다. 정직함을 최고의 목표로 삼으며 솔직한 내 고백의 시간이 되기를 간절히 원한다.

나는 누구인가? 나는 왜 이 땅에 살고 있는가? 나는 지금 무엇을 하고 있는가? 라는 내 마음의 깊은 침묵의 소리를 함께 듣고 이 글을 함께 읽고 있는 하나님과 함께하고 싶다. 이 땅 위에 살면서 내 인생의 영광을 추구했던 한때를 기억하며 또 소멸해진 지혜속에서 고통의 쓴잔을 마셨던 또 다른 한때를 기억해 본다. 결국에는 모든 일이 사라져 없어질 것들뿐임에도 아무것도 아닌 이 땅의 영광을 나의 소유처럼 붙잡으려던 어리석음을 회개한다. 그러나 결국 인생은 만남의 사랑인 것을, 만남의 기쁨인 것을, 뒤늦은 후회처럼 하는 게 인생의 시간표가 아닐까? 하고 감히 되짚어 본다.

내가, 이 땅에 올 수 있는 생명의 통로가 되어 주신 육신의 부모님을 깊은 사랑 속에서 소환하며 추억하려고 한다. 일찍이 내 곁을 떠나시고 그리움을 내게 넘치도록 만들어 주셨지만 난 지금도 내 육신의 부모님을 잊지 못하고 아픈 가슴으로 쓸어 담고는 한다. 내 살아있는 육신의 현실에 부모님과 함께 할 수만 있다면 그분들의 안락함과 기쁨을 위해 나의 모든 소유를 드려도 후회되지 않으리라 마음 깊이 새겨 본다. 하지만 한번 떠난 길은 되돌아올 수 없는 영원한 길이기에 이렇게 아픔 속에서 마음을 꾹 눌러 애써 슬픔이 기쁨의 춤이 되기 위해 인내하려고 한다.

그리고 맞닥뜨려진 삶 속에 나를 찾아내기 위해 힘을 쏟으려 한다. 왜, 무엇 때문에 쉬지도 못하고 자리를 바꾸며 우두커니 혼자 서 있는지를 알아보고 누구를 기다리며 홀로 서서 외로움의 눈물을 마음 깊이 적시고 비켜선 시간을 잡아내려 하는가, 나 자신에게 묻고 싶다. 내 노년의 삶에서 어제를 바라보며 오늘을 보고 그리고 내일의 영원한 참 생명의 지혜를 하나님으로 말미암아 얻기를 원하고 있는가.

2025년 11월

정영만

차례

추천의 글 | 임정기 이 책의 주인공은 하나님이십니다 · 5
저자의 말 · 6

1부 | 내 인생의 첫 무대

유년 시절과 부모님
　내 생명의 시작, 아버지 · 14
　여자 친구가 이사 오다 · 18
　울 엄마, 늘 아팠다 · 24
　아버지와 엄마 그리고 나 · 30
　새마을 운동 · 34
　아버지가 돌아가셨다 · 38
　울보가 군대에 가다 · 53

2부 | 결혼과 가정, 사업

가족을 이루다
결혼하다 · 60
남매가 태어나다 · 65
행복 속에서 닥쳐온 시련 · 70
엄마의 신앙고백 · 80

두 자녀의 조기 유학
미국 유학을 선택한 딸과 아들 · 84
미국에서 만난 나의 두 남매 · 89

3부 | 이민자의 삶

미국에 오다
네바다주 리노에서 시작한 이민 생활 · 94
아내의 미국 합류와 나의 신앙 · 98
고난 중에 찾아오신 하나님 · 103

하나님과 가까이

늦깎이 대학생이 되다 · 107

미국에서 시작한 비즈니스 · 111

흩어지는 기쁨 · 115

응급 09/26/2018 · 117

높은 성 요새처럼 · 120

콜로라도로 이사하다

은퇴하라고? · 128

슬픔 딛고 춤추는 마음의 비결 · 132

살맛 나는 세계, 가족 3대

큰손녀의 고교 졸업식 · 142

첫눈 · 149

4부 | 여유로운 노년의 삶

아내와 함께하는 여행

나와 가깝게 · 158

절벽 가운데 자리한 인디언 마을 · 164

창밖엔 진눈깨비가 내리고 · 172

아, 캉쿤이다 · 178

어느 권사님의 소천 · 183

태평가와 막춤 · 187

나이아가라 폭포에 가다 · 192

또, 소풍이다 · 197

5부 | 내 영혼의 노래

[수필]

고향 그리고 엄마 · 200

세월 나그네 · 205

초여름의 문지방 · 212

예루살렘의 딸들아 · 217

[묵상 시]

내 인생 노래 · 224

예수를 바라보자 · 227

어쩌라고 태초 본질을 · 229

비 · 231

[동화]

겨울 너머로 찾아오는 봄 사랑 · 232

1.

내 인생의 첫 무대

유년 시절과 부모님

내 생명의 시작, 아버지

땅 위에 내 생명 되어 오던 날이다. 세상(한반도)은 1950년 6월 25일 시작된 전쟁의 폐허 위에 사람이 먹고 살아가는 원초적인 생명의 수단마저 힘겨웠다. 내 육신 적 생명의 통로가 되어 주신 육신의 아버지는 그 당시에 살고 계셨던 조선 땅의 모든 사람처럼 혼탁한 세상의 선한 피해자가 되셨다.

나의 아버지는 조선 땅에서 일제 강점기가 계속되는 동안 일본의 혹독한 식민 통치 속에서 여러 나라를 방황하시며 세상 속에 유리된 자의 모습으로 살면서 힘겨운 인생 시간 속에 살고 계셨다.

아버지는 경북 예천군 풍양면 별실이라는 마을에서 동래 정씨 30대 후손으로 집단촌인 낙동강 변의 작은 마을에서 태어나셨다. 그리고 그곳에서 어린 시절을 보내셨다.

태평양 전쟁의 소용돌이 속에서 아버지는 홀로 일본으로 가셨다. 또한 수년 후에는 중국 만주로 가셨다고 어린 나에게 이솝 이야기처럼 말씀해 주셨다. 제2차 세계대전이 끝나고 일본으로부터 조국이 해방된 이후에 아버지는 여느 젊은 청년들처럼 중국 만주에서 해방된 조국 땅으로 돌아오셨다. 그리고 소도시였던 경기도 수원시에 정착하셨다.

젊은 아버지에게는 자신의 몸 하나도 기댈 곳이 없었던 낯선 땅에서 비와 바람을 피하고 허기진 배를 채울 수 있는 일터가 필요했다. 그 귀한 일터의 자리를 아버지에게 허락해 주신 분이 계셨다. 나는 아직도 그분의 성함을 기억한다. 물론 아버지께서 어릴 적에 해주신 이솝 같은 이야기 속에서였다. 그분의 성함은 '송수남'님이시다.

내 어린 시절에 아버지에게 들은 이야기여서 자세한 기억이 아닐 수 있으나 송수남 님은 그 당시 수원시 팔달구 지동 ○○○번지에서 그 당시에 대중 식당업을 크게 하고 있었다. 아버지는 그분의 수양아들이 되어 그분을 도우면서 숙식을 해결하였다.

아버지는 그곳에서 또 한 분의 만남이 시작되었다. 그분의 성함은 '이만근'님이시다. 경기도 화성시 양감면에서 살고 계셨던 그분은 아버지와 친분을 쌓으면서 아버지의 인품에 크게 신뢰하게 되었다. 그래서 그분의 여동생인 나의 어머니를 중매하셨다.

아버지와 어머니는 전통 혼례를 거쳐서 '송수남'님이 제공하신 대중식당의 작은 방에서 신방을 차리셨다. 그리고 그곳에서 형과 나를 낳으셨다.

지동 ○○○번지가 나의 출생지가 되었음을 호적에서 확인할 수가 있다. '이만근'님은 바로 나의 큰외삼촌이시다. 나는 지금도 큰외삼촌을 생생히 기억한다.

나는 지금 눈을 지그시 감고 길게 지나친 시간 여행을 해본다. 나는 갓난아기였다. 아장아장 걸으면서 '송수남'님의 식당 구석구석을 돌아다니던 아기의 모습이 선명하다. 마치 오래된 영화 필름처럼 여전히 돌아가고 있다.

장터 앞에 자리 잡은 조선 기와집의 대중식당은 늘 많은 손님으로 북적였다. 아버지와 어머니는 그곳에서 열심히 일하시면서 두 분만의 꿈을 키우셨다. 두 분의 꿈은 독립된 신혼 생활이다. 자세한 기억은 없지만 우리 네 식구는 어느 날 이사를 했다. 그곳은 지동 ○○○번지였다. 황토로 벽돌을 만들어 벽을 쌓고 볏짚으로 지붕을 덮었다. 초가집이다. 초가집은 그 당시에 집을 짓던 전통 방식이다. 집 마당 앞에는 깊은 우물을 팠다. 두레박이라는 도구로 깊은 우물에서 수정 같은 물을 퍼 올렸다.

그곳에서 어린 나는 매우 신기한 삶을 살 수 있었다. 나는 이른 아침부터 늦은 저녁까지 넓은 들판을 뛰어다녔다. 넓은 땅 위에 오직 우리 집만 있었다. 마을이 아직 생기지도 않았던 그곳에 첫 번째로 정착한 집이 우리 집이었다. 얼마 후에 큰외삼촌이 우리 집 곁으로 이사 오셨다. 나는 매우 신났다. 외사촌들과 재미난 어린 시절을 보낼 수 있었기 때문이었다.

아버지는 집 앞 넓은 밭에 농사를 시작하셨다. 보리와 호밀을 심고, 고구마와 감자 등 우리의 식탁에 필요한 각종 채소를 심으셨다.

나는 매일 매일을 넓은 들판을 뛰어다니면서, 어린 자유를 마음껏 누렸다. 나의 개구쟁이 생활이 시작되었다. 높은 광교산에서 흘러 내려오는 시냇물에 들어가 첨벙거리느라 옷을 적셨고, 외사촌들과 들녘에서 뛰어놀았다. 마냥 기쁘고 즐거웠다. 허허벌판이었던 들판에 한 집, 두 집, 초가집이 들어오기 시작했다. 집들이 생기면서 골목이 생기고 제법 많은 친구도 생겼다. 그때 나는 얼마나 기뻤는지. 얼마나 근사한 모습인지. 유년기의 어린 시절이 늘 기쁨 속에서 개구쟁이들의 모임이고 놀이터가 되었다.

아참, 아버지와 어머니의 존함을 소개하지 못했다. 아버지의 존함은 '정동철' 님, 어머니는 '이인례'님이시다. 두 분은 이미 고인이 되셔서 지금은 하늘나라에 계신다. 어쩌면 이 글을 쓰고 있는 막내

아들을 환한 미소와 함께 보고 계시지 않을까?

* 태평양 전쟁 : 일본 제국과 미국, 영국, 네덜란드, 소련(러시아), 중화민국 등의 연합국과의 사이에 발생한 태평양 전쟁에 대한 일본 정부의 호칭이다. 이 호칭은 1941년 12월 12일에 '도조 내각'이 지나 사변(중일 전쟁)을 포함하여 태평양 전쟁이라고 각의 결정했다.
* 수양아들 : 친자식이 아닌 양 아들을 말(호칭)한다.

여자 친구가 이사 오다

초등학교를 입학하기 전이다. 매우 추웠던 겨울을 보내고 따스한 봄이 왔다.

어느 날 아침, 나는 개구쟁이 기질이 발동하여 오늘 하루를 무슨 놀이를 하며 신나게 보낼까, 뭔가 재미난 일이 없나 하고 두리번거리고 있었다. 때마침 우리 집 바깥마당에 커다란 말이 끄는 수레가 도착했다. 수레에는 매우 많은 이삿짐이 가득 쌓여있었다. 그런데 나를 깜짝 놀라게 한 것은 가득 쌓인 이삿짐 틈새에 작은 여자아이가 숨을 죽인 채 꼼짝도 하지 않고 앉아 있었다.

나는 호기심과 기쁨 가득한 개구쟁이 눈으로 조그만 여자아이와 이삿짐을 번갈아 보고 있었다. 매우 다행스럽게도 그 아이네는 우리 집 뒤 툇마루가 있는 조그만 집으로 이삿짐을 내려놓았다.

내가 매우 기뻐했던 건 그 작은 여자아이가 나와 동갑내기 때문이었다. 그 애는 왜소한 체격이었지만 매우 예쁘고 앙증맞아서 내 눈 속에 확 들어왔다. 친구가 없던 나는 그 애는 금세 친해졌고 단짝이 되었다. 우리는 아침에 눈만 뜨면 매일 아침 만나서 온종일을 같이 놀았다. 또래가 없어서 외롭던 내게 예쁜 여자 친구가 생겼으니 하루하루가 신났다.

우리 집 뒤편으로 1.5여 미터의 빗물 수로가 있었다. 집집마다 새우젓 항아리를 뒤집어 놓은 낮은 굴뚝에서 아침저녁이면 하얀 연기가 모락모락 피어오르곤 했다. 우리 집 뒤쪽 맞은편으로는 사과와 배, 복숭아 과수원이 있었고 그곳엔 철조망이 높다랗게 쳐져 있었다. 나는 과수원에 들어가고 싶어서 매일 같이 그 철조망에 매달리곤 했다. 그러나 나는 쉽게 넘어가지 못하고 철조망에 옷만 찢기고 온몸 여기저기 상처투성이가 되곤 하였다. 한 번도 내 힘으로 쉽게 철조망을 넘어가지 못하고는 결국은 포기했다.

그곳은 어른들이 자주 오지 않는 매우 조용한 우리만의 소중한 개구쟁이 장소였다. 우리는 날마다 이 비밀스러운 아지트에서 아침이 되면 만나서 놀곤 했다. 해 질 녘 엄마가 부르는 소리를 듣고서야 아쉽게 헤어지곤 했다. 그러나 다음 날 아침이 되면 어김없이 그곳에서 다시 만나서 놀곤 했다.

어린아이들이 날마다 무엇을 하면서 온종일을 재미있게 놀았을까? 그때는 지금처럼 장난감이 많고 종류도 다양한 장난감은 상상하기조차도 힘들었던 시절이었다. 우리의 놀이는 '엄마 아빠 놀이'였다. 그 애는 엄마가 되고 나는 아버지가 되어서 매일 매일을 신기하고 신나는 엄마 놀이를 했다. 황토, 각종 돌멩이, 깨진 사기그릇 조각, 각종 나무 조각, 들과 밭의 각종 풀이, 우리의 신나는 엄마 놀이 장난감이 되었다. 가끔 우리는 정말로 엄마, 아버지의 흉내를 내는 말투와 시늉을 했다. 그리고 '의사 놀이'를 할 때면 정말로 의사와 간호사 흉내를 내면서 시간 가는 줄 모르고 재미있었다. 그런데 신기했던 것은 단 한 번도 우리는 싸우지 않았다. 내가 매우 개구쟁이였고 또한 엄마 놀이에 욕심이 많았는데 그 여자 친구는 한 번도 내게 불평하지 않았다. 엄마 놀이에 매일 승리자는 나였다.

그 애는 모든 것을 나에게 무조건 양보했다. 그 애의 부모님과 우리 부모님도 매우 가까운 이웃으로 형제처럼 지내셨다. 양쪽 부모님들의 보호 속에서 우리는 정말로 가까운 소꿉놀이 친구로서 즐거운 어린 시절을 보내면서 초등학교도 함께 다녔다.

그 애와 함께 초등학교 입학식 하던 날이 아직도 선명하다. 입학식 날, 우리 왼쪽 가슴에는 하얀색 손수건을 접어서 핀으로 달았다. 학교 앞 문방구에서 산 이름표를 그 위에 붙였다. 기쁨과 호기심이 가득 찬 눈으로 서로의 손을 꼭 잡고 학교 운동장에 줄을 맞춰서 서 있었다. 입학식에 많은 부모님이 오셨다. 그런데 나의 엄마는 입학식 날에 오지 못하셨다. 그때 엄마가 매우 편찮으셨다. 엄마 대신 외사촌 큰누나가 내 옆에서 내 보호자로 있었다. 그렇지만 나는 외롭지 않았다. 왜일까? 내 손을 꼭 잡은 여자 친구가 있었기 때문이다.

그 애와 아름다운 친구의 인연은 초등학교에 다니는 동안 계속되었다. 어떤 학년에서는 한 반이었고 또 다른 학년에서는 서로 아쉽지만 반이 갈리기도 했지만, 우정은 변함이 없었다. 그 애와 나는 늘 등 하교를 함께 했다. 이렇게 우리의 우정은 초등학교를 졸업할 때까지 계속되었다.

중학교에 진학하면서 그 애와 나는 약간의 부끄러운 친구 관계가 되었다. 그 애는 여자중학교로, 나는 남자중학교로 입학하여 헤어지게 되었다. 우리는 여전히 앞뒤 집에 살고 있었지만 만남의 회수가 줄기 시작했고 여자와 남자라는 이성의 생각이 우리의 우정 사이를 가로막았다. 어느 때부터인지 모르게 자연스레 만나 이야기 나누는 게 어색해지기 시작했다. 어쩌다가 만나서 이야기할 때면 서로의 얼굴에 홍조를 띠게 되는 경우가 많았다. 그 당시에는 그것이 무엇을 의미하는지? 우리는 전혀 몰랐다. 그래서 우리는 개구쟁이 친구라는 우정에서 약간의 거리감이 생겼다. 우리는 자연스럽게 서로를 피했다. 그렇게 우리는 개구쟁이 친구로서 우정의 공백이 이어졌다.

중학교 3학년이던 어느 날, 그 애가 나에게 참고서를 빌려 달라고 오랜만의 요청을 했고 나는 선뜻 그 애에게 참고서를 빌려주었다. 며칠 후, 그 애가 빌려 갔던 참고서를 내게 돌려주면서 부끄러운 듯이 나에게 말을 건넸다.

"책갈피 속에 너에게 보내는 편지가 있으니 읽어 보라."

나는 알았다고 대답을 한 후에 서둘러 집에 돌아와서 책갈피 속에서 친구의 편지를 찾아냈다. 내 가슴이 콩닥콩닥하고 뛰었다. 가까스로 진정하고 나는 생각에 잠겼다. 그 편지에서 친구는 나를 이성으로 생각하고 있으니 만날 장소와 시간을 정해 놓은 편지였다. 그런데 문제가 생겼다. 외사촌 큰누나가 이러한 사실을 모두 알고 있었다. 참고서를 돌려받으면서 우리가 나눴던 이야기를 모두 외사촌 큰누나가 몰래 엿들었다. 외사촌 누나는 그 일을 나한테 이야기하면서 나를 마구 놀려댔다.

"얼레리꼴레리, 누구누구는 연애한대요!"

그때 왜, 내가 부끄러운 마음이 생겼는지? 모르겠다. 당연한 이야기가 아닌가. 우리는 사춘기의 당당한 소년과 소녀였는데. 결국, 나는 그 친구가 약속한 시각에 만남의 장소에 가지 않았다. 바보처럼. 그 후 우리는 친구로서, 이성으로서, 긴 공백의 시간은 또다시 이어졌다.

그 일이 있고 나서 그 애는 나를 절대로 만나주지 않았다. 우리는 그렇게 개구쟁이 친구에서 시작된 우정이 쉽게 끝나 버렸다. 우리 두 사람의 사이에는 많은 시간이 흘렀다. 내가 군대 입영 통지서를 받았다. 그 친구가 어떻게 알았는지 남동생을 통해 쪽지를 보내왔다. 군대 가기 전에 소주 한 잔 함께 하자는 쪽지였다.

우리는 연탄불 위에 석쇠를 올려놓고 돼지갈비를 굽는 영동식당에서 만났다. 꽤 오랜만에 우리는 친구로서 가졌던 공백의 회포도 풀고 지나간 많은 이야기를 소주 기운을 빌려서 무척 재미있고 즐겁게 보냈다. 집으로 돌아오는 길에 그 애가 나에게 질문했다. "군대 복무 기간(36개월)을 기다릴 테니 군대 전역 후에 나와 결혼해 줄래."

단도직입적으로 나에게 청혼했다.

"삼 년의 시간을 어떻게 약속할 수 있어?"

내가 그 애의 약속을 거절했다. 그렇게 우리는 헤어지고 군대를 전역할 즈음 말년 휴가를 나왔을 때 그 애를 또 만났다. 같은 장소에서 몇 병의 소주를 마시면서 지나친 삼 년의 시간으로 화제의 꽃을 피웠다. 그리고 이번에는 내가 친구에게 질문했다.

"내가 전역하면 나와 결혼하겠다는 옛날 생각이 아직도 유효해?"

"결혼을 약속한 사람이 있다."

그런데 이번에는 그 애가 내 청혼을 정중하게 거절했다.

그런 일이 있고 반세기에 가까운 세월이 흘렀다. 그 후 나는 단 한 번도 그 애를 보지 못했다. 단 한 차례의 소식도 듣지 못했다. 지금쯤, 아마도 예쁜 할머니로서 손주와 손녀들과 함께 행복하고 기쁨이 넘치는 삶을 살고 있으리라 굳게 믿는다.

울 엄마, 늘 아팠다

울 엄마가 물론 나를 낳으셨다. 무척 젊으셨을 나이일 때. 그런데 울 엄마를 떠올리면 엄마가 매일 아프셨다는 것부터 기억한다.

큰외숙모와 함께 미나리꽝 시장에 가셨던 엄마의 아프신 모습을 기억한다. 엄마가 시장에 가시기 위해서는 가파른 고개를 넘어가셔야만 했다. 항상 나는 엄마가 시장에 가실 때 늘 엄마를 쫓아가려고 했다. 하지만, 엄마는 늘 집에다 나를 홀로 두고 시장에 가셨다. 매번 나는 큰 소리로 울면서 시장에 가시는 엄마의 등을 바라보고 있었다. 가파른 고개를 넘어가기 위해 엄마는 몇 번이고 고개에 앉아서 쉬시는 모습을 기억한다.

어릴 적 나의 기억은 왜? 어째서인지 모르지만 내 기억 속에는 엄마는 늘 아프셨다.

내가 성장했을 때 엄마가 내게 말씀해 주셨다. 엄마는 나를 낳고 난 이후부터 아프기 시작하셨다고. 울 엄마가 내게 하신 이 말씀은 평생토록 내 가슴에 깊게 새겨진 아픈 말씀이 되었다.

내가 초등학교에 다닐 때 어느 날 엄마가 매우 위독한 상태까지 되셨다. 아버지께서 엄마에게 새 옷을 손수 입혀 주면서 금반지와 금목걸이, 각종 보석 패물을 사 주셨다. 그리고 우리 네 식구가 처음으로 창경원으로 가족여행을 갔다.

엄마가 오랫동안 살지 못할 것이라는 연세대학교 부속 세브란스 병원 의사의 소견이 나왔기 때문이었다. 죽음을 앞에 둔 엄마에게 새 옷과 보석이 무슨 위로가 되고 소용이 있었겠는가? 그러나 아버지께서 엄마에게 마지막으로 해드렸던 최고의 사랑 표현이었다고 지금도 생각한다.

엄마의 병명은 간경화였다. 늘 피곤해하고 힘들어하셨다. 키도 작고 체구도 왜소했던 엄마가 내게 늘 안타까웠고, 마음속에 늘 걸

림돌로 남아 있다. 나를 낳지 않으셨더라면 엄마가 병이 들지 않았을 텐데라는 생각을 지울 수가 없기 때문이다. 엄마의 아픔의 원인이 꼭 내가 원인인 것 같아서 죄송함이 늘 뭉게구름처럼 피어올라 아픈 상처가 되고는 했다.

 울 엄마와 함께 시장에서 일어났던 아픈 개그 같은 진실을 말해 보려고 한다. 내가 6~7살 정도로 기억한다. 하루는 엄마가 평상시처럼 시장에 가려고 준비하고 계셨다. 나는 엄마를 쫓아가려고 갖은 응석을 부리기 시작했다. 그게 통하지 않자 나의 응석은 생떼로 바뀌었다. 나는 땅바닥에 주저앉아서 검정 고무신을 벗어 던지고 두 발을 구르면서 막무가내로 울기 시작했다. 엄마가 나를 시장에 데려갈 수가 없음을 매우 잘 알고 있었지만, 나는 고함을 치고 땅바닥에 뒹굴고 울면서 엉터리 고집을 피웠다. 엄마는 시장에 너를 데리고 가면 널 보호해 줄 여력이 없다면서 그런 나를 달래셨기에 따라서 갈 수 없다는 건 알고 있었다. 엄마는 우는 나를 기어이 떼어놓고 큰외숙모와 함께 시장으로 가셨다.

 떼가 날 대로 난 나는 땅바닥을 구르면서 통곡하고 울어댔다. 그때 아버지 동생 넷째 작은 삼촌이 나타났다. 그즈음 경상도에서 올라와서 우리 집에 머물고 있었다. 삼촌이 그만 울라면서 나를 대청마루 위로 옮겼다. 여전히 나의 울음은 그치지 않았다. 삼촌은 계속해서 나에게 울음을 멈추라고 경상도 사투리로 고함을 질렀다.

그래도 아랑곳하지 않고 울어대는 나의 뺨을 오른쪽, 왼쪽, 번갈아 가며 쉬지 않고 계속해서 때렸다. 얼마나 많이 뺨을 맞았는지….

삼촌에게 뺨을 맞은 억울함 때문에도 고집 세고 어린 나는 눈물을 그치지 않고 울고 또 울었다. 그리고 삼촌이 없는 틈을 이용해서 나는 초등학교 운동장으로 매우 재빠르게 도망치듯 달려갔다. 학교 운동장 주변의 작은 언덕에는 아카시아꽃이 하얗게 만개하고 있었다. 나는 울면서 평상시처럼 나무에 올라가서 아카시아꽃을 맛있게 따서 먹었다. 활짝 핀 아카시아꽃 안에는 달콤한 꿀이 많이 들어 있어서 매우 달콤하고 맛있었다. 나는 이 아카시아꽃을 매우 좋아했다. 나무 위에서 아카시아꽃을 맛있게 먹고 있는데, 작은삼촌이 내 눈앞에 나타났다.

무척 화가 난 모습이다. 아마도 도망친 나를 찾기 위해서 매우 놀라고 걱정스러워 내가 갈 만한 곳을 많이 찾아다녔던 것 같았다. 삼촌에게 붙잡혀서 집으로 끌려왔다. 또다시 삼촌한테 사정없이 뺨을 맞고 대청마루에서 무릎을 꿇고 두 손을 높이 들고 벌을 서고 있었다. 높이 든 내 손에는 빨간 화초 호박을 삼촌이 올려놨다.

어린 소견에도 정말로 억울하고 매우 고통스러운 시간이었다. 그때까지는 내가 무슨 짓을 하든지, 무슨 생떼를 부리든지, 나는 아버지와 엄마에게서 단 한 차례도 매를 맞지 않았다. 아니, 단 한 번도 부모님에게서 야단을 맞지 않았다. 그냥 귀한 막내아들이었다. 그때 처음으로 작은 삼촌에게 야단을 맞고, 심지어 뺨을 셀 수도 없이 많이 맞은 것이 처음이었다. 내가 팔이 아프고 무릎에 통증이 오면 나는 슬그머니 양팔을 내렸다. 그러면 내 옆에 있으면서 나를 감시하고 있었던 삼촌이 가차 없이 내 뺨을 때렸다. 나는 울음도 그쳐졌고 이건 공포의 시간이었다.

꽤 오랜 시간이 지난 후에 엄마가 시장에서 돌아오셨다. 나는 두 손에 높이 들고 있었던 빨간 화초 호박을 작은삼촌에게 힘 있게 던지고 더 큰 소리로 울면서 엄마 품으로 달려가서 안겼다. 엄마가 깜짝 놀랐다. 그리고 시동생인 삼촌에게서 자초지종을 들었다. 그렇지만, 지금의 내 생각으로는 시동생의 변명이 엄마의 귀에 들리지 않았으리라 생각한다. 나의 양쪽 뺨에 손자국이 선명하게 빨갛게 부풀어 오른 내 뺨을 엄마가 보셨기 때문이다. 그런데 울 엄마는 삼촌에게 한마디도 말하지 않고, 나의 손을 꼭 잡고, 어디인가를 가셨다. 한참 만에 걸어서 엄마와 도착한 곳은 중국 식당이었다. 그리고 짜장면 한 그릇을 주인에게 시켜서 나에게 주셨다. 일반 서민들이 그 당시에 중국 식당에 가서 '짜장면'을 시켜서 먹는다는 것은 일 년에 한 번 정도 있을까 말까 하는 외식 중의 큰 외식이었다. 아니, 학교 졸업식 때가 아니면 서민들이 갈 수가 있는 식당이 아니었다. 짜장면을 맛있게 먹고 있는 나를 물끄러미 바라만 보고 있는 엄마였다.

그때 엄마는 무슨 생각을 하시고 계셨을까? 얼마나 많이 마음이 아프셨을까? 내가 어른이 되고 결혼한 후에, 아이를 남매 낳고 보니 그제야 짜장면을 맛있게 먹고 있는 나를 보고 계셨던 엄마 마음을 이해하고 남았다. 이런 깨달음을 통해 내 마음은 엄마를 향해 아픈 마음을 더욱더 갖게 되었다.

  마지막으로 작은 삼촌 이야기로 마무리하겠다. 내가 초등학교 5학년 때였다. 작은삼촌이 충남 서산 색시를 부인으로 맞아들이는 결혼식을 했다. 여름비가 몹시 많이 오던 날이었다. 수원 예식장에서 성대하게 결혼 예식을 치르고 서울 강북구 삼양동 미아리에서 삼촌은 신혼살림을 차렸다. 나의 아버지가 직접 삼촌의 신혼살림 집을 손수 지어 주셨다. 그곳에서 삼촌은 사촌을 세 명이나 낳았다. 추석이나 설날이 되면 나의 작은아버지, 작은어머니가 되어서 사촌들을 데리고 우리 집에 와서 명절 기간 며칠을 머물면서 우리 가족과 함께 설날을 함께 보낸 후에 서울로 되돌아가곤 했다.

  나는 그때, 삼촌이 자신의 아이들을 대하는 모습을 유난히 살펴보았다. 그리고 깜짝 놀라지 않을 수 없었다. 삼촌은 자신의 아이들이 무슨 짓을 어떻게 하든 깔깔거리면서 웃을 뿐, 때리지도, 야단치지도 않고 자신의 아이들을 그저 대견해했다. 나는 그런 삼촌을 보면서 매우 속상해했다. 어린 나를 그토록 모질고 무섭게 내 뺨을 갈기던 삼촌의 모습을 기억나면서 무척 화도 났다.

내가 그 아픔을 잊지 않고 기억하고 있는데 엄마는 자식이 그토록 모질게 뺨을 맞았으니 얼마나 그 마음이 쓰리고 아프셨겠는가. 그렇지만 시동생이기에 말 한마디도 못 하고 얼마나 힘드셨을까?

지금도 그러한 울 엄마를 내 마음에 깊이 품고 기억하고 있다. 보고 싶어요. 엄마!

아버지와 엄마 그리고 나

내가 남매의 아버지가 되고, 지금은 손주와 손녀들의 할아버지가 된 나는 요즈음 부쩍 부모님 생각 속에 내 모든 마음을 맡길 때가 많이 있다. 그리고 나의 아버지와 엄마를 회상하면서 깊은 상념의 시간에 젖곤 한다.

아버지와 엄마는 매우 성실했던 분들이셨다. 두 분께서는 부지런하고 정직했으며 불우한 이웃에게 자신의 소유를 아깝게 여기지 않고 베푸셨다. 부모님이 어려운 이웃에게 진실한 사랑과 정을 나누던 사랑의 모습을 나는 많이 기억한다. 그래서일까 두 분 주위에는 늘 많은 사람이 함께했다.

아버지와 엄마의 성실하고 부지런하신 성품 덕에 우리 형제는 그 당시 매우 열악한 나라 경제에도 어려움을 잘 모른 채 유복하게 성장했다. 하지만 우리나라는 국민이 먹고 입을 게 부족했던 시절이었다. 미국에서 보내온 '원조물'이 동사무소를 거쳐 국민에게 배급되었다. 밀가루, 보리쌀, 옥수숫가루, 전지분유 등…. 여러 종류의 식료품을 동사무소 앞에서 긴 줄을 서가면서 배급받았다. 그런데 우리 부모님은 우리 집에 배급된 우리 몫을 더 어려운 노인분들에게 나누어 주었다. 그 당시 아버지가 동네 반장을 맡으셨기에 누구네 집이 지금 어렵다는 사실을 소상히 알고 있었다.

아버지가 이웃을 위해 진심으로 봉사하는 모습을 보면서 성장하였다. 아버지와 엄마의 삶을 통한 선한 영향력을 보고 느끼며 받으면서 나도 초등학교 때부터 열심히 공부했다. 나는 열심히 공부해서 우등상과 각종 여럿의 상을 받아서 아버지와 엄마께 가져다드리곤 했는데 그때마다 부모님은 크게 기뻐하셨다. 기뻐하며 웃는 부모님의 모습이 내게도 큰 기쁨이 되었다.

나는 늘 학급 반장을 도맡아 했다. 운동을 좋아해서 초등학교 4학년부터 축구 선수가 되었다. 학교를 대표하는 주전 선수는 오직 6학년만이 될 수 있었지만 나는 예외였다. 4학년 때부터 나는 학교 주전 축구 선수로 뛸 수가 있었다. 학교 축구 코치 선생님의 선택이기에 누구 한 명도 불평하지 못했다. 축구 시합의 승리욕이 매우 강했던 나는 '레프트 윙'이라는 포지션을 매우 열심히 소화했다.

다른 학교와 시합에 나가면 나는 몇 개의 '골'을 꼭 넣곤 해서 코치 선생님으로부터 칭찬과 인정을 받았다.

아버지가 베푸신 사랑의 헌신 하나를 소개하면서 마무리하려 한다. 어느 날, 아버지께서는 매우 남루하기 짝이 없는 한복차림의 연로하신 노부부를 모시고 우리 집에 오셨다. 매우 키가 작은 할아버지는 소아마비를 앓으셔서 한쪽 다리를 심하게 절뚝거리는 매우 불편해 보이는 금방이라도 넘어지실 것 같은 모습이었다. 할머니는 그런대로 편찮아 보이지는 않았다.

"아무 데도 오 갈데없으신 분들이시니 우리 집에서 함께 사시도록 해드리자."

아버지는 이 말씀이 전부였고, 방을 하나 비워서 그분들이 지내실 수 있도록 했다. 나는 금방 '할아버지, 할머니'라고 부르면서 그분들을 잘 따랐다. 두 분한테 옛날이야기도 듣기도 하며 우리 식구와 잘 지내면서 우리와 한 가족이 되었다. 그 당시에도 양로원이 있었지만, 절차가 매우 까다롭고 늘 정원을 초과하여 양로원에 들어가는 것은 하늘의 별을 따기처럼 매우 어렵다고 아버지께서 말씀하셨다. 그리고 양로원의 처우도 매우 빈약해서 양로원 노인들이 거리에 나와서 구걸할 정도였다고 한다. 지금의 '홈레스 국민'이다.

그분들과 우리는 한집에서 함께 살았다. 몇 년 후 갑자기 할아버지가 돌아가셨다. 아버지가 할아버지 장례를 정성껏 치러드리고 남겨진 할머니와 또 오랫동안 돌아가실 때까지 우리와 살았다.

할머니는 친할머니처럼 나를 매우 사랑해 주셨다. 할머니는 매우 부지런하셨고 음식 솜씨가 좋으셔서 동네 길흉사가 있을 때면 그 집에 가서 음식을 만들었다. 집에 돌아오실 때 할머니는 맛있는 잔치 음식을 챙겨서 나에게 갖다주시곤 했는데 나도 매우 맛있게 먹었다. 지금처럼 음식이 흔하지 않았던 시절이라 할머니가 갖다 주신 잔치 음식들은 매우 색다르고 새로운 맛깔나는 음식이었다. 그래서 나는 할머니가 잔칫집에 가시는 날이면 할머니가 챙겨서 갖고 오실 맛있는 잔치 음식을 생각하면서 꼴깍하고 침을 삼키곤 했다. 매우 사랑이 많고 다정다감했던 할머니이셨다. 틈틈이 자신의 손수건에 싸서 두셨던 왕사탕, 곶감, 밤 등을 내 입에 넣어 주시곤 했다. 일상생활에 필요한 생필품이 부족한 시절이라 나는 간식으로 색다른 맛을 느끼며 꿀맛처럼 먹을 수 있는 것을 매우 감사했던 나의 어린 시절이다.

나를 많이 사랑해 주셨던 할머니도 당신의 방에서 돌아가셨다. 그때 나는 많이 울었다. 아버지와 엄마는 할머니의 장례도 정성껏 치러 주셨다. 아버지와 엄마의 아름다운 마음으로 베푸셨던 선행은 많지만, 이것으로 이 단락을 마무리하겠다.

아버지, 엄마! 진심으로 사랑합니다! 진심으로 존경합니다!

새마을 운동

나의 아버지와 엄마의 세대는 매우 불행한 세대였다고 생각한다.

나의 부모님 세대는 그분들의 무능한 부모 세대로부터 또한 정쟁만을 일삼았던 부모 세대로부터 조선이라는 나라의 주권을 일본에 빼앗긴 채 일본에 식민지 되어 나라가 없는 민족을 물려받았다. 그래서 나의 부모 세대의 젊은이들은 일제의 전쟁 총알받이로 징집당했고 여성들은 위안부로 끌려갔다. 그게 아니면 일본 북큐슈 탄광으로 본인의 의지와 상관없이 끌려가서 강제노역을 당했다.

전쟁터에서 또는 탄광에서 살아남거나 도망친 사람들은 중국 만주나 소련(러시아) 시베리아로 도망자의 삶을 살아야 했다. 세계 2차대전에서 연합군의 승리로 일제가 패망하고 조선은 광복을 맞이하였다.

외국으로 방랑하던 그들이 고향이 있는 조국 조선으로 돌아왔다. 광복된 조국에서 어떻게든 정착하여 결혼하고 자손 낳고 그들만의 푸른 꿈을 설계하여 정착하기에 온 힘을 쏟고 있었다.

북한을 점령한 소련에 의해 세워진 북조선 김일성의 남침으로 6·25전쟁이 발발한 것이다. 나의 부모 세대는 바람 앞에 촛불처럼 생과 사의 갈림길에 선 것이었다. 그것도 3년이 넘는 남과 북의 전쟁 상흔으로 철저히 망가진 폐허의 땅이 되었다. 대한민국이라는 새 나라에서 새 꿈을 꾸면서 일구었던 정착의 모든 것이 또다시 잿더미가 되어 버렸다.

전쟁에서 용케 살아남은 이들은 하루 세 끼니를 이어가는 일이 가장 소중하고 시급했다. 자식만은 굶기지 않으려는 나의 아버지와 엄마 세대, 하루하루를 몸부림쳐야만 했다. 그리고 전쟁의 폐허 위에 또다시 그들의 삶을 정착해서 자손을 굶기지 않고 잘 키워야 한다는 부모의 책임감과 사명으로 극한의 삶을 살아내야 했다. 얼마나 불행한 세대였는가. 나의 부모님 세대에 진심으로 감사와 깊은 마음속의 경의를 표한다. 그토록 모진 고통 속에서 세워진 나라가 또다시 오직 정쟁에 빠져서 매일 같이 혼란의 혼란을 거듭하는 정쟁의 나라가 되었다.

지금도 똑똑히 기억한다.

내 생전에 처음으로 보는 대통령을 뽑는 커다란 벽보의 사진과 글을 보았다. 그 벽보를 밀가루 풀로 벽에 붙이는 사람을 졸졸 쫓아다녔다. 그 당시의 각 정당에서 내걸었던 선거 공약을 보았다. 그중에서 아직도 잊지 않는 선거 공약이 있다.

"배고파서 못 살겠다. 죽기 전에 갈아보자!"

세상은 또다시 뒤집혔다. 아버지의 많은 친구와 동료들이 매일 같이 삼삼오오 우리 집으로 모였다. 그분들은 앉지도 못하고 앞마당에 서서 여러 이야기를 하면서 한숨 쉬기에 바빴다. 어떤 사람은 울었다. 나는 무슨 일인지도 잘 모르면서 아버지와 엄마의 곁을 떠나지 못하고 불안해했다. 어느 날에는 고등학생 형들도 돌멩이를 들고 거리로 뛰어나갔다.

곧바로 모든 학교는 문을 닫았다. 나는 뭐가 뭔지? 잘 몰랐지만 계속해서 어른들은 모이고 또 모였다. 그리고 불안한 모습으로 마당에 선 채로 한숨 섞인 이야기를 나누었다. 그러나 고통 속에서도 시간은 흘렀다.

이번에는 군인들이 5·16군사정변을 일으켰다. 동사무소가 우리 집에서 10미터 거리에 있었는데 군인들이 동사무소에 와 있는 모습을 보았다. 밤에는 다닐 수 없는 '통행금지'가 되었다. 무엇이 어떻게 되어가는지는 모르지만 나의 아버지와 엄마 세대에 또다시 불안하고 힘든 시간이 된 것이었다.

그런데 이번에는 새로운 긍정적인 변화가 시작되었다. 새마을 운동이었다. 이른 아침이면 동사무소에 높이 매달려 있는 확성기에서 새마을 운동 노래가 울려 퍼졌다. 그리고 국민 체조의 큰 구령 소리가 힘차게 울려 퍼졌다.

"국민 체조 시작 ~ 팔 운동 ~ 하나, 둘, 셋, 넷."

조용했던 동네가 온통 시끌벅적했다. 학생들은 수업이 끝난 후에 가까운 산으로 가서 송충이를 잡았다. 솔잎을 갉아 먹는 곤충인데 매우 징글맞게 생겼다. 남자애들은 잡은 송충이로 여자아이들을 놀라게 했다. 여름 방학이면 '애향반'을 조직해서 아침마다 빗자루를 자기의 집에서 가지고 나와서 동네의 골목 골목을 깨끗이 쓸면서 청소했다. 또한 학교 마당도 청소했다.

　학생 각자가 들풀을 낫으로 베어서 지정된 장소에 모았다. 그 풀로 퇴비를 만들어서 농사에 쓰도록 했다. 무더운 여름 장마가 끝나면, 장마로 훼손된 길도 깨끗이 고쳤다. 어른, 아이들이 힘을 합쳐서 새로운 마을을 만들어 가자는 운동이었다. 또 한 가지 중요했던 일은 주택 개량 작업이었다.

　초가집을 허물고 양옥집을 새롭게 지어서 새로운 보금자리를 만들자는 운동이었다. 우리 아버지와 엄마도 우리 초가집을 허물고 그 자리에다 빨간 벽돌로 예쁜 양옥집을 지었다. 내부에는 목욕실도 있었다. 얼마나 멋진 집이었는지. 그때까지는 볼 수 없었던 서양식의 아름다운 집이었다. 우리 가족이 사용할 살림집인 양옥집이 완성되고 우리 가족은 기쁨 가운데 새집으로 이사했다. 정말로 꿈만 같은 궁궐이었다.

　그 이후에도 아버지께서는 소유하고 계셨던 우리 땅에 예쁜 양옥집을 짓기 시작하셨다. 그리고 그 예쁜 집을 아깝게도 다른 사람에게 팔았다. 그리고 또 새로운 양옥집을 짓고 팔곤 했다. 그 건축 일이 아버지의 사업이 되었다. 아버지는 많은 양옥집을 짓고 팔았다. 우리 집은 아버지의 이 '비즈니스' 덕분에 더 잘살게 되었다. 우리는 무엇 하나 남부러운 것이 없었다. 한 가지가 있었다면, 엄마가 매일 편찮았다는 것이었다.

아무 부족함 없이 나는 중학교와 고등학교를 입학했다. 중학교에 입학하니 교복을 입어야 했다. 남문 통에 몇 개 있는 양복점에서 교복을 맞춤으로 만들었다. 나는 아버지의 손을 잡고, 검은색 교복을 맞추고 매우 행복해했다. 부모님과 함께 살아간다는 것이 얼마나 행복한 일이었던가.

나는 이때가 내 인생에서 제일 행복했던 시간이었다고 지금 회상해 본다. 그리고 나의 부모님께 감사드린다. 아버지 그리고 엄마! 감사했습니다. 사랑합니다. 존경합니다!

아버지가 돌아가셨다

어떻게 말을 시작해야 먹먹한 내 가슴을 씻어 내릴 수 있으려는지? 지금 나는 생각이 멈췄다. 내가 세상에 첫울음을 터트린 이후 내 삶의 모든 것이 된 분이 나의 아버지이셨다.

아버지는 내게 무척 자상했고, 나를 무척이나 사랑해 준 분이셨다. 내 마음의 한 부분이 되어 주신 아버지, 내 평생의 기억을 통해 다시 추억하며 기억하는 내 아버지, 이렇듯 아픈 마음으로 소환해 보려고 한다.

1971년 초의 가을이었다.

형은 군대에 갔고 아버지와 엄마, 나는 정말로 단란하고 행복한 삶을 살고 있었다. 새마을 운동으로 새로 건축한 양옥집에는 넓은 내 방도 있었다. 그때 나는 남부러울 것이 하나도 없었다. 마냥 행복했다.

갑자기 행복이 무너지는 전혀 예상할 수 없는 불행이 우리 집에 들이닥쳤다. 갑작스럽게 아버지께서 배를 움켜잡고 매우 고통스러워하며 뒹굴었다.

엄마와 나는 무엇을 어떻게 해야 할지 우왕좌왕했다. 그때의 그 악몽은 다시 꾸고 싶지 않은 기억이다. 그 당시에는 119구급대라는 용어 자체가 없었고 택시도 많이 없었던 시절이었다. 더구나 택시를 전화로 불러서 승차하던 시절은 더더욱 아니었다. 개인 자가용은 일반인이 감히 엄두도 낼 수 없었다.

나는 매우 고통스러워하시는 아버지를 등에 업고 몇 시간 동안 병원을 향해 뛰어갔다. 겨우겨우 경기도 도립병원에 도착했다. 그곳에서 제일 큰 병원이었다. 응급 수속하고 의사가 아버지를 진찰하기 시작했다. 엑스레이를 찍고 여러 검사를 했다. 한참 만에 결과가 나왔다.

의사가 '위 뇌하수체'라는 병으로 위가 많이 늘어졌다며 곧바로 빨리 수술할 것을 권했다. 많이 늘어진 위를 제거하고 잘 봉합하면 큰일은 없을 것이라고 했다. 엄마와 나는 일단 안심하고 입원 절차를 마쳤다. 내일 아침에 수술하겠다는 의사의 이야기를 듣고 매우 감사한 마음을 표했다.

다음 날 새벽, 고통이 조금은 진정된 아버지께서 수술실에 들어가셨다. 약 4~5시간이 소요한다는 의사의 말을 듣고 엄마와 나는 수술실 문 앞 허름한 나무 벤치에 앉아서 아버지의 수술이 무사히 잘 끝나서 다시 건강해지시기를 옥죄는 마음으로 기원하고 있었다. 아주 힘들고 조바심도 났지만, 옆에 계신 엄마 때문에 꾹 참고 있었다.

그런데 문제가 생겼다. 수술이 시작되고 1시간 정도가 되었는데 의사가 수술실에서 수술복을 입은 채 밖으로 나왔다. 그리고 의사는 나한테 조용히 귓속말로 자기 방으로 오라고 했다. 그리고 앞서서 걷기 시작한다. 나는 애써 태연한 척하면서 의사를 쫓아갔다.

의사가 수술 경과에 대해 자세하게 이야기했다. 위 뇌하수체로 진단하고 배를 열었는데, 위암 말기(4기)였다는 것이었다. 모든 장기에 암이 이미 전이되었다고 심각하게 말했다. 그래서 자신도 어떻게 할 수 없어서 그냥 열었던 배를 닫았다고 했다. 암이라는 병명도 그 당시에는 거의 듣지도 못했던 병명이었고, 암의 결과가 어떻게 된다고 들은 적이 없던 시절이었다.

"그다음에는 어떻게 치료할 것인가요?"

나는 의사에게 질문했는데 의사가 "지금의 의술로는 고칠 수 없는 병이다."라고 대답했다.

연이어 내가 다시 질문했다.

"미국에 가면 고칠 수 있나요?"

"미국에 가서도 못 고치고 수술한 곳이 어느 정도 회복되면 아버지를 집으로 모시고 가서 아버지가 잡수시고 싶고 가시고 싶은 곳을 가실 수 있게 도와드리고 잘해드리는 것이 지금으로는 최선의 방법이다."

청천벽력 같은 의사의 말이었다. 불과 며칠 전까지만 해도 열심히 일하는 건강하신 아버지였는데 '위암' 말기로 곧 돌아가신다니? 나는 의사의 말을 전혀 믿을 수 없었다.

"그렇다면, 아버지가 얼마나 사실 수 있나요?"

"약 100일 정도."

마른 대낮에 하늘이 무너져도 이렇게 허무한 무너짐이 될 수는 없다고 나는 절망에 절망했다. 의사의 방에서 나오자마자 나는 집으로 무조건 달려갔다. 그리고 얼마나 많이 울었는지 모른다. 울고 또 울었지만 계속해서 눈물은 멈추지 않았다. 모든 게 막막하기만 했다. 끊임없이 쏟아지는 눈물을 주체할 수 없었지만, 나는 그 눈물을 참고 또 참아야만 했다. 왜냐하면 병원에서 혼자 아버지를 돌보고 계실 엄마 생각이 났기 때문이다. 엄마도 몸이 아주 편찮아서 온종일 누워만 계셨는데 중환자실에 계신 아버지의 병간호를 맡길 수 없었다.

나는 또다시 병원을 향해 달렸다. 아버지의 상태에 대해서 아무것도 모르는 무척 지쳐 있던 엄마는 나에게 핀잔하셨다.

"어디에 갔다가 이제야 오니? 너는 철부지처럼 아버지가 몹시 아픈 줄도 모르니?"

아버지가 퇴원하여 집으로 돌아오셨다. 아버지는 자신이 위암 말기 환자로 시한부 인생이 된 사실을 모른 채 집에서 요양하시면서부터는 매우 예민해지셨다. 그토록 온유하고 말씀도 많이 안 하시는 아버지가 심한 통증이 오면 매우 고통스러운 가운데 버럭버럭 화도 내셨다. 나는 아버지와 엄마가 부부싸움을 하는 모습을 단 한 차례도 본 기억이 없다. 아니, 아버지가 화를 내는 모습을 본 적도 없었다. 그런데 암 때문에 통증이 심해지면 아버지는 막 역정을 내셨다. 방문을 여닫는 소리마저 시끄럽다고 고함을 치시곤 했다.

아버지의 통증은 점점 더 심해져 갔다. 그토록 견디기 힘든 통증을 참으시던 어느 날, 나에게 형에 관해 묻기 시작하셨다. 군대에서 군 복무 중인 형이 보고 싶다고도 하셨다. 하지만 나로서는 어떻게 할 수 없었다. 그래서 나는 형을 찾기 시작했다. 형에게서 연락이 왔다.

월남 전쟁에 자원하여 지금 훈련 중이라는 소식이었다. 곧바로 나는 아버지에 대한 의사의 진단서와 동네 어르신의 연대 보증과 아버지의 병명사실서를 챙겨 들고 강원도 화천군 오읍리에서 파월 직전의 훈련 중인 형의 부대를 찾아갔다. 그리고 위병소에서 부대장 면담 신청을 했다. 다행스럽게도 부대장이 바로 만나주었다. 위병소 근무자와 함께 부대장실에 가서 집에서 준비하여 가져온 의사 진단서와 주민의 인장이 찍힌 연대 보증서를 부대장에게 보이면서 거듭 형의 월남 파병을 취소시켜 달라고 요청했다.

부대장은 흔쾌히 내 부탁을 받아들여 주었지만 한 가지 조건이 있었다. 그 조건인즉, 지금 훈련 중인 모든 병사는 자신이 자원해서 월남 파병에 결정된 병사이니 본인이 월남 파병을 취소하지 않는다면 부대장이지만 그들을 월남 파병 중단시키고 자대 복귀를 시킬 수 없다면서 조건을 단호하게 말했다. 나 역시도 좋다고 자신 있게 부대장의 조건을 받아들였다.

나는 당연히 형이 내 말을 믿고, 월남 파병을 취소하고, 아버지를 만나게 될 것이라고 믿었기 때문이다. 잠시 후 형이 부대장실로 들어왔다. 나를 본 형이 깜짝 놀랐다. 부대장의 설명과 아버지에 대해서 나의 설명을 듣고 난 후에 형의 결정이 남아 있었다. 형은 월남 파병을 포기하지 않겠다고 했다. 형은 자기를 월남에 못 가게 하려고 내가 거짓으로 서류를 만들어서 가지고 왔고 내가 말했던 아버지에 대한 모든 말들은 거짓말이라고 이야기했다. 형은 부대장 앞에서 월남 파병을 고집했다. 부대장도 어쩔 수 없었다.

부대장은 매우 미안하다고 몇 번이고 이야기했다. 그리고 부대장 전용 짚차로 화천 시내 시외버스 정류장까지 나를 태워다 주었다. 형은 결국 월남 파병을 포기하지 않고 파병되었다. 이러한 사실들을 전혀 모르고 계시는 아버지는 병환이 깊어지면서 아들을 보고 싶어서 안달이 되셨다. 나에게 형이 휴가를 한번 올 수 있도록 연락해 보라고 어린아이처럼 보채셨다. 그렇게 힘든 시간 속에서 고통스러운 나날의 시간이 지나고 있는데 형의 부대에서 연락이 왔다. "파병을 위한 모든 훈련이 끝나고 부산으로 가기 위해 열차로 이동합니다. ○○일 ○○시에 청량리역에서 30분간을 열차가 정차하니 청량리역에 왔으면 좋겠습니다."라는 안내이다. 정말로 한심스럽고 형이 매우 미웠다.

그렇지만 약속 시간에 맞춰서 청량리역의 플랫폼에 갔다. 벌써 많은 사람이 플랫폼에 가득했다. 어찌나 많은 사람인지라 발걸음을 옮기는 것도 매우 힘이 들 정도였다. 드디어 플랫폼에 파병 열차가 서행으로 들어오기 시작했다. 파병 군인을 가득 실은 열차가

실내등을 환히 켜 놓고 정말로 서서히 오고 있다. 서로의 이름을 부르면서 차창에서 내다보고 있는 모두 똑같은 파병 군인을 그냥 쳐다볼 수밖에 없다. 그런데 열차가 30분 정차하지 않고 또다시 서서히 속도를 내면서 출발을 시작했다. 곧바로 열차는 내 시야에서 멀어져 갔다. 어떻게 할 수가 없었다.

아버지와 엄마도 모르게 새벽에 몰래 수원 집에서 나왔는데 몹시 추운 겨울 날씨였지만 형을 만날 수 있다는 희망으로 왔는데 나는 너무나 허탈했다. 전쟁터에 가는 형을 보지도 못하고 보냈다는 섭섭함이 내 마음 가득히 원망으로 몰려왔다. 나는 차디찬 플랫폼 바닥에 털썩 주저앉아서 큰 소리로 울어 버리고 말았다.

"이제는 어떻게 하여야 하나? 아버지와 엄마한테 형에 관해 무슨 이야기를 어떻게 해야 하는가?"

너무도 크고 큰 숙제가 내 마음을 사정없이 짓눌렀고, 눈앞의 두려움에 목 놓아 울었다. 그때였다. 어떤 젊은 사람이 나에게 귓속말했다. "지금, 이 열차는 왕십리역에서 30분 동안 정차하기로 변경되었으니 빨리 택시를 타고 왕십리역으로 가면 만날 수 있을 거야."라는 믿기 힘든 엄청난 조언이다. 나는 감사하다는 말도 제대로 못 하고 역 밖의 광장으로 백 미터 달리기 선수처럼 뛰기 시작한다. 그리고 광장 앞에 세워 있는 빈 택시를 타고 기사 아저씨에게 큰 소리로 외친다. "왕십리역으로 빨리 가 주세요."라고. 왕십리역에 도착하고 거스름돈도 포기하고 또다시 달려서 왕십리역의 플랫폼으로 뛰어 들어갔다. 그런데 이게 웬일인가.

파병 군인을 가득 태운 열차가 30분 동안 정차했다가 출발하려고 서서히 움직이기 시작한다. 형의 이름을 부를 여유도 없이 기차는 또다시 내 시야에서 멀리 멀어져 갔다. 정말로 황당한 순간이었다. 눈물도 나오지 않았다. 바보처럼 오직 형에 대해 원망만을 할 뿐이었다. 새벽의 추위에 떨었던 온몸이 기진맥진하여 집으로 돌아왔다.

오늘 일어났었던 모든 어처구니없었던 상황을 전혀 아시지 못하고 계신 아버지와 엄마는 온종일 어디를 돌아다니다가 이제야 왔느냐고 합창이라도 하듯 꾸중하셨다. 그렇지만 나는 아무런 이야기도 두 분께 드릴 수가 없었다. 형의 월남 파병을 말씀드려서는 안 된다고 굳게 생각하고 있었다. 두 분의 핀잔을 못 들은 척하고 살며시 내 방으로 들어갔다. 답답한 시간이 느리게 느리게 흘러갔다. 아버지께서는 더욱더 아들이 보고 싶다고 어린아이처럼 보채셨다. 아니, 당신의 죽음을 이미 아시고 계신 것 같은 보챔이다.

그렇게 하루하루가 살얼음판을 걷는 것 같은 어느 날, 나는 학교에서 수업이 끝나고 집에 왔다. 그런데 아버지가 편지봉투 하나를 나에게 주셨다. 이미 개봉이 된 봉투였다. 나는 얼른 집에서 겉봉투의 주소를 보니 월남에서 온 형의 편지였다. 월남에 잘 도착했고 자대 배치받아 건강히 잘 있다는 내용이었다. 맹호 부대로 다낭에 있다는 소개와 함께 야자수 나무를 배경으로 삼고 한껏 뽐내며 찍은 한 장의 사진이 들어 있었다. 아버지가 화장실을 가시기 위해 밖에 나가셨다가 우체부한테서 직접 편지를 받았고 아버지께서 편지 내용을 모두 읽으신 후였다.

"왜, 아버지를 속였냐?"

아버지가 큰 소리로 나를 책망하면서 한참을 통곡하셨다. 나는 그때까지 아버지의 그러한 울음을 본 적이 없었다. 한참 만에 울음을 멈추시고 형을 걱정하는 말씀을 하셨다.

"월남이 지금은 전쟁이 끝날 무렵이라 많은 전사자가 생기는 때인데, 왜 하필이면 지금 월남에 갔느냐?"

또다시 많이 눈물을 흘리셨다.

"지금은 월남이 장마철이라고 하는데…."라고 하시면서 울음을 멈추지 않고 계속 우셨다. 그 말씀이 아버지로부터 내가 들을 수 있었던 아버지의 마지막 유언 같은 말씀이다. 그 이후에는 아무런 말씀도 없이 침묵하신 채 방의 천장을 물끄러미 바라보시거나 밖에 계실 때는 오직 먼 산을 넋 나간 사람처럼 망부석이 된 듯이 바라볼 뿐이었다. 나 역시도 무슨 말로 아버지를 위로해 드릴 수 없었다. 오직 아버지의 시중을 들면서 유일하게 내가 할 수 있었던 것은 말없이 아버지의 옆을 분주히 맴돌 뿐이다.

'어떻게 해야만 아버지가 형을 만나 볼 수가 있을까?'라는 생각 속에 오직 전전긍긍할 뿐이었다. 다른 것은 아예 생각할 여유가 없었다. 아무런 정답이 없는 고민에 고민을 나는 거듭했다. 그리고 오직 편찮으신 아버지의 시중을 들었다. 또한 편찮은 엄마를 안심시켜 드리면서, '이 어려운 시간을 어떻게 넘길 수 있을까?' 작은 마음을 쏟아 전심전력할 뿐이었다. 나는 더 이상의 눈물을 흘리고 있을 수만은 없었다. 그때의 가정 상황은 어린 나에게 엄청난 환란의 시간이었다.

지금 어떻게 그 시간의 내 고통을 적절히 표현할 수 있을까. 없다. 나는 수없이 많은 갈등과 고민 속에서 한가지 결론을 만들었다. 그 결론은 내 생각으로도 우스꽝스럽고 무척이나 무모하기도 하고 어리석기 짝이 없는 바보 같은 결론 같았다. 내가 결정한 결론은 대통령에게 나의 소원을 진정해 보겠다는 결론이었다. 그렇지만 나는 즉시 그 결론을 실행에 옮겼다. 나는 장문의 편지를 대통령에게 썼다. 현재 내가 소원하는 진실하고 정직한 우리 집 현실 상황을 편지에 되도록 자세하게 글로 썼다. 담당 의사 진단서와 아버지의 위급 상황에 대한 동네 주민에게서 받은 연대 보증서와 보증인의 주소와 이름, 그리고 엄지로 찍은 인장을 첨부했다. 생전 처음과 마지막으로 나의 오른손 검지 끝을 내 이빨로 물어뜯었다. 손가락에서 뚝뚝 떨어져 흐르는 붉은 피로 글씨를 썼다.

"대통령 각하, 나의 아버지가 형을 볼 수 있게 해주세요!"
편지봉투를 만들었다. 수신인은 '박정희 대통령 각하' 수신인 주소는 '대한민국 청와대.' 곧바로 나는 봉투를 밀봉하고 수원우체국으로 갔다. 그리고 등기 우편으로 편지를 보내기 위해 직원에게 봉투를 내밀었다. 직원이 놀란 토끼 눈처럼 매우 놀라는 기색을 역력히 보이면서 내게 질문했다.
"이 편지를 정말로 대통령 각하께 보내는 거니?"
"네."
나는 대답과 함께 간략하게 자초지종(진정 내용)을 직원에게 이야기했다. 드디어 내 말이 이해되었는지 그 직원은 내 편지를 정식으로 접수해 주었다. 급히 집으로 돌아와서 나는 기다리고 기다렸다. 대통령에게서 답장이 오는 것을. 그것은 하늘의 기적을 기다리는 것이었다. 나는 매일 매일 실망하면서 우체부가 집에 오는 것을 눈이 빠지도록 기다리고 기다렸다. 그렇게 조바심을 내면서 기다리던 어느 날, 우체부 아저씨가 우리 집 대문 안에까지 들어와서 등기 우편물이 왔다고 내 이름을 부르면서 나의 도장을 요구했다. 나는 마음이 급해서 도장을 찾으러 실내에 갈 수가 없었다. 나의 엄지로 인장을 찍고 우편물을 받았다. 드디어 우편물은 청와대에서 왔다. 나는 급하게 봉투를 뜯고 그 내용을 살펴보았다.
"대통령 각하께서 진정인이 진정하신 내용을 잘 보셨습니다. 그리고 정○○ 일병이 조기 귀국하도록 조치할 것을 국방부에 지시하셨습니다. 곧 국방부에서 연락할 것입니다."

나는 이토록 놀라운 기적이 나에게 일어났다는 사실 때문에 펄쩍펄쩍 뛰면서 기뻐했다. 곧바로 아버지와 엄마에게 이 기적 같은 사실을 말씀드렸다. 아버지는 아무런 말씀 없이 침묵으로 나의 설명을 듣기만 하셨다. 나는 지금도 아버지의 그 표정을 기억한다. 아버지는 한마디의 말씀도 하지 않으셨지만, 조금이나마 안도하시는 편안한 표정이었다. 곧바로 국방부 장관에게서 공문의 편지가 또다시 왔다.

"대통령 각하의 지시로 정○○ 일병을 조기 귀국하도록 결정하고, 주월 사령부에 지시하였으니, 곧 주월 사령부에서 진정인에게 연락이 올 것입니다. 조금만 기다려 주십시오."

나는 다시 한번 감격하여 어쩔 줄을 몰랐다. 이 편지 역시 아버지와 엄마에게 읽어 드리면서 조금만 기다리면 형을 볼 수 있다고 아버지와 엄마에게 몇 번이고 말씀을 드렸다. 시간이 멈춘 것같이 정말로 늦게 가는 것처럼 느껴졌다. 주월 사령부의 연락을 기다리는 것이 우리 가족에게는 매우 힘이 들었다. 그렇지만 기적은 변하지 않았다. 그토록 기다리던 주월 사령부에서 드디어 공문이 왔다.

대통령 각하의 지시로 정○○ 일병을 조기 귀국하도록 조치하였고 귀국 함에 승선 완료하였습니다.

주월 사령부 사령관 중장 ○○○

아버지와 엄마 그리고 나는 이 엄청난 기적을 마음속에 담아내기가 힘들 정도였다. 아버지와 엄마 그리고 나는, 누가 먼저라고 할 수 없을 정도로 감격하여 울기 시작했다. 그 상황을 생각하는 지금의 나는 또 눈물을 흘린다. 그때의 그 감격이 너무 생생하다. 우리는 형이 도착하기만을 손꼽아 기다렸다. 금방이라도 형이 군복을 입은 채 집에 들이닥칠 것 같은 착각을 하곤 했다.

그렇게 형의 귀국을 애타게 기다리고 있었던 아침이었다. 내가 학교에 가기 위해 내 방문을 나서려 할 때였다. 그런 나를 엄마가 갑작스럽게 내 방으로 나를 밀어서 넣고는 방문을 조용히 닫으셨다. 그리고 조용하고 낮은 음성으로 내게 말씀하셨다.

"아버지가 오늘 하시는 행동이 매우 이상하니, 오늘은 학교에 가지 말고 집에 엄마와 함께 있으면 좋겠다."

나는 다시 한번 하늘이 무너지는 순간이 되었다.

"아니, 형이 곧 집에 올 텐데 이게 뭐야!"

나는 그대로 방바닥에 털썩 주저앉았다. 한참을 진정한 후에 나는 엄마와 함께 아버지가 계시는 안방으로 갔다. 예전처럼 아버지는 아랫목에 깔아둔 침구 위에서 반듯이 천정만 응시하고 누워 계셨다. 나는 아버지 앞에서 아버지가 덮고 계신 이불 속으로 내 손을 집어넣었다. 그리고 아버지의 손을 붙잡았다. 그런데 아버지의 손은 이미 온기가 전혀 없이 차디찬 손이었다. 나는 깜짝 놀라서 아버지의 발을 잡아 보았다. 그런데 아버지의 발도 이미 굳어서 딱딱해져 있었다. 내 손은 아버지의 발에서 종아리로 그리고 허벅지로, 아랫배로, 가슴으로 더듬듯이 만지면서 주물렀지만, 아버지는 아무런 반응 없이 가끔 눈을 감았다가 뜨시곤 했다. 아버지는 나에게 한마디의 말씀도 하시지 못했다. 엄마가 내게 말씀하셨다.

"아무래도 편 씨 아저씨를 모셔 와야만 하겠다."

엄마가 조용히 방문을 열고 나가셨다. 나는 무릎을 꿇고 앉아서 오직 아버지의 차디찬 손을 잡고 훌쩍거리며 울기만 했다. 큰 소리 내서 울 수도 없었다. 한껏 복받쳐 오르는 슬픔의 마음을 억제하기 매우 힘이 들었다. 나는 지금도 그때의 그 감각을 느낀다. 그때, 아버지의 손을 꼭 잡은 내 손에 느낌이 왔다. 아버지 생명의 힘이 일순간에 소리 없이 빠지는 느낌이었다. 나는 아버지의 가슴에 엎드려서 소리쳐 울었다. 오직 아버지만을 애타게 부르고 부르면서 몸부림칠 뿐이었다.

엄마와 함께 편씨 아저씨가 오셨다. 아버지의 코와 목에 손을 대신 후 나에게 말씀하셨다.

"아버지가 운명하셨으니, 두 눈을 편안하게 감겨드려라."

아버지의 두 눈에 손을 얹고 위에서 아래로 몇 번이고 손을 씻어 내렸다. 두 눈을 꼭 감으신 아버지를 보면서 엄마와 나는 목 놓아 울었다. 이렇게 아버지는 조용히 엄마와 나의 곁을 이 세상을 홀로 떠나가셨다.

그 당시 아버지의 연세는 50세였다. 아버지의 장례 절차가 시작되었다. 엄동설한에 언 땅을 파고 깜깜한 언 땅에 아버지를 묻어 드리고 왔다. 아니, 내 작디작은 내 가슴에 아버지를 깊이 파묻고 왔다. 그렇게 세월이 흘러서 53년이 지나고 올해가 아버지가 탄생하신 103주년이 되는 해이다.

아버지 몹시, 몹시 그립습니다! 아니 아주 많이, 많이 무척 보고 싶습니다.

울보가 군대에 가다

아버지께서 돌아가신 후, 징징거리며 울고 다니는 이 울보에게 군대 입영 통지서가 나왔다. 지금까지 가보지 않았던 새로운 길인 입대는 나를 두려움과 함께 또 하나의 힘든 시간으로 몰아갔다. 편찮으신 엄마를 홀로 두고 군대에 가야 한다는 부담감이 내 마음을 사로잡았다. 한편으로는 기쁘기도 했다. 지금 힘든 시간 속에서 영원히 탈출할 수 있을 것 같은 약간의 기대감 때문이었다.

입영 날짜는 금방 내게 다가왔다. 나를 어렵고 힘들게 했던 모든 생각들을 떨쳐내고 매일 편찮으셔서 병상에 계신 엄마에게 작별의 인사를 드리고 두렵지만 가벼운 발걸음으로 수원역에 갔다. 벌써 많은 젊은이가 도착해 있었다.

정해진 시간이 되자 나는 준비되어 있었던 빈 열차에 올랐다. 입대 장병을 수송하기 위한 특별 열차였다. 빈 열차에 앉아 두 눈을 꼭 감고 아무 생각 없이 떠나기를 힘껏 마음속에 외쳤다. 드디어 열차가 출발하기 시작한다. 한참을 갔는데 열차가 정차한다. 그리고 "내려!" 하는 외마디 외침의 명령이 들려왔다. 정말로 아무 생각 없이 왔다.

논산역이었다. 이제는 줄지어서 하차하고 줄지어서 걷기 시작했다. 논산훈련소에 입소하기 위해 연병장에 섰다. 내 호명받고 나가서 군복과 훈련화(군화)를 배급받았다. 그런데 문제가 생긴다. 발이 작은 나에게 매우 큰 훈련화가 배급되었기 때문이다. 나는 훈련화가 크다고 바꿔 달라고 요구했다. 그랬더니 배급 사병이 나에게 하는 말에 나는 깜짝 놀랐다.

"야! 훈련화에 네 발을 맞춰!"

'이게 군대구나.'

비로소 군대에 왔다는 생각이 퍼뜩 든다. 잠시 마음을 가라앉히고는 궁리했다. 나는 너무 큰 훈련화이기에 신을 수 없다.

'그렇다. 바꾸자. 어떤 아이는 훈련화가 작아서 못 신을 수 있다.'라는 생각이 번개처럼 스쳐 지나갔다. 그래서 훈련화가 작은 동기생과 바꿔서 신었다. 집에서 입고 왔었던 옷을 모두 벗고 군복과 훈련화로 바꿔 입었다. 집에서 입고 왔었던 옷은 큰 봉투에 넣고 잘 묶어서 집 주소를 적은 후에 반납했다.

군대 생활의 시작이었다. 며칠 후에 나는 차출(호명)을 받았다. 또다시 논산역으로 갔다. 대기하고 있었던 빈 열차에 오르고 곧바로 열차는 출발했다. 어디로 가는지도 모르고 한참을 덜커덕거리면서 열차는 멈추지 않고 갔다. 한참 만에 도착한 곳은 가평역이었다. 열차에서 하차하고 보니 비가 엄청 많이 내리고 있다. 판초 우의를 입고 더플 백을 어깨에 메고 빗속을 걷기 시작한다. 비가 쏟아지는데도 군가를 부르면서 우리는 한참 동안 비를 맞으며 걸어서 부대에 도착했다.

제3 부사관 학교였다. 입소식과 함께 훈련이 시작되었다. 정말로 집 생각할 시간이 없었다. 아침 6시에 기상하여 저녁 9시에 취침할 때까지 잠시의 시간으로 내 생각 속에 빠질 수 없었다. 그곳에서 기억되는 일 중에서 매우 재미있는 추억으로 아직도 생생히 기억되는 추억이 있다.

가족과 면회의 날이 있었다. 모든 동기가 손꼽아 기다렸던 날이다. 드디어 면회의 날이 되고 시간이 되자 우리는 내무반에서 일개장 외출복으로 갈아입고 호명을 기다리고 있었다. 가족이 면회 신청을 위병소에서 하면 내무반에서 대기하고 있었던 우리는 호명받고 면회 장소로 갔다.

엄마와 형이 면회를 왔다. 집에서 가져온 맛있는 음식들을 마음껏 먹으면서 엄마와 형과 함께 많은 이야기를 주고받았다. 너무나 즐거운 시간이었다. 모처럼 만의 면회 시간이 끝나 가는 게 너무너무 아쉬웠다. 면회가 끝났다는 안내 방송과 동시에 가족은 위병소 밖으로 나갔다. 오랜만에 가족과 함께 가졌던 행복감에 젖어 있을 때였다.

그런데 갑자기 "완전 군장으로 연병장에 선착순 집합"이라는 명령이 떨어졌다. '무슨 일이지?' 하며 서로의 얼굴을 쳐다보면서 아무것도 모르고 매우 당황했다. 모처럼 만에 배도 잔뜩 부르고 나른한 몸이 잠이나 푹 잤으면 좋을 것 같은 기분 좋은 상태이다. 그러나 배낭을 꾸리고 군장을 갖춰서 연병장으로 달려갔다. 모두 집합이 끝난 후에 중대장이 이야기했다.

"오늘 사제 음식을 많이 먹었고 사제 정신이 많이 들어갔으니, 지금부터 소화제를 주겠다."

나는 정말로 소화제 알약을 나눠주는 줄 알았다. 그러나 소화제는 완전 군장으로 연병장 구보였다. 너무 많이 먹었기에 구토할 것만 같았다. 정말로 죽기 일보 직전이었다. '괜히 면회했구나!' 하고 후회할 정도였다. 가족도 위병소에서 우리를 바라보면서 쉽게 떠나가지 못하고 있었다.

드디어 학교 졸업을 하고 자대 배치받았다. 강원도 철원의 ○사단 사령부 부대 입구에 섰다. 집채만 한 바위에 해골이 새겨져 있는 모습에 흠칫 놀라지 않을 수 없었다. 이어서 '이제는 죽었구나.'라는 생각이 떠올랐다.

비무장지대에서 군 복무를 무사히 마치고 36개월에서 하루도 빠지지 않는 군대 생활을 했다. 그리고 개구리 군복을 자랑스럽게 입고 고향으로, 고향 앞으로. 나의 미래를 꿈꾸는 엄청난 희망과 기쁨 속에서, 고향 집으로 가는 버스에 느긋하게 몸을 실었다.

2.

결혼과 가정, 사업

가족을 이루다

결혼하다

　내 삶에 대한 단 한마디의 조언도, 단돈 1원 지원도 나는 부모님으로부터 받지 못했다. 세속적인 말로 맨땅에 헤딩하면서 사회생활을 시작했다. 무엇 하나도 풍족하지 못했고 어떠한 것도 만족할 수 없는 고달픈 시간 속에 매여 있었다. 차라리 군대 생활이 오히려 더 쉬웠다. 정말로 힘들 정도가 아니었다. 하루하루가 무척 고통스러운 나날이었다.
　하루를 시작하는 아침이 되어 눈을 뜬다는 것 자체가 내게는 부담이었고 큰 두려움이었다. 아니, 하루의 시작이 무서웠다.
　그때였다. 한 사람이 만나자는 연락이 왔다. 오랜만에 만남이라 기쁨 가운데 만남의 장소에 먼저 가서 기다렸다. 아버지가 갑작스럽게 돌아가시고 우리 집은 엄마와 내가 살기에는 매우 크고 무엇보다 엄마가 외로워하셨다. 마당에 아버지가 지으신 2층 상가 건물과 함께 우리가 사용하지 않고 있는 내 공부방을 월세를 놓았다.

그 집의 큰딸이 있었는데 그날의 만남의 대상이었다. 나를 오빠라고 부르면서 나와 친숙한 사이로 잘 지냈다. 오랜만에 만남이라 매우 반갑게 여러 가지 이야기를 나누면서 우리는 즐겁게 시간을 함께했다. 헤어질 무렵인데 그녀가 이야기했다.

"오빠, 나하고 결혼하자!"

"생각해 보자"

갑작스러운 그녀의 제안을 받고는 일단 집에 왔다. 그 후 나의 머릿속은 온통 '결혼하자.'라는 말이 꽉 들어차 있었다. 어떻게 해야 할지를 모른 채 많은 날 고민 속에 빠져있었다. 쉽게 결정할 수 있는 내 형편이 아니었다. 그 당시 나의 목표는 엄마를 모시고 독립하여 살아가기 위한 새 삶의 터전을 마련하는 것이 첫 번째의 우선순위였기 때문이다. 매우 힘든 시간 속에서도 엄마를 모시고 살아야겠다는 생각으로 모든 걸 인내할 수 있었다.

갑자기 그녀의 결혼 이야기에 앞이 더욱 막막하기만 했다. 솔직히 결혼 준비가 어느 하나 갖추지 못한 내 환경이었다. 그래서 더 많이 망설였다. 나는 결정하지 못한 채 그녀와 두 번째의 만남을 가졌다. 그날 우리는 결혼에 대해서 본격적으로 많은 이야기를 했다. 우선 내가 그녀의 아버지를 우선 만나 보기로 했다. 약속 시간에 그녀의 집에 갔다. 몇 년 동안 일상적인 삶 속에서 너무나 잘 알고 있는 관계로 모든 것이 순조롭게 진행되리라고 우리는 쉽게 생각했다.

그런데 의외의 결과가 우리를 기다리고 있었다. 그녀의 아버지가 결혼을 승낙할 수 없다면서 반대하셨다. 자기 딸을 나에게 줄 수 없다고 단호한 모습을 보이셨다. 나는 말 한마디 제대로 하지 못하고 집으로 돌아왔다. 매우 속상했다. 그리고 매우 자존심이 상했다. 그러나 어떻게 할 수 있겠는가, 부모님이 반대하시는데 의외로 만난 암초에 우리는 결혼을 놓고, 두 번째 결정했다. 나의 엄마를 모시고 다시 한번 그녀의 집에 가서 아버지를 설득해 보기로 했다.

약속된 날에 엄마를 모시고 나는 그녀의 집을 다시 방문했다. 우리의 결혼에 관해서 이야기를 나누기 시작했다. 그러나 그녀의 아버지는 완강하게 우리의 결혼을 또다시 반대하셨다. 그 이유는 딱 한 가지였다. 그 당시에 우리 집은 형의 사업 실패로 인해서 아버지로부터 상속받은 전 재산을 잃어버렸다. 완전히 망해서 단칸짜리 월세방에서 온 가족이 살고 있었다.

"망한 집안에 자기 딸을 줄 수 없다."라면서 뜻을 굽히지 않는 완강한 모습이었다. 나와 엄마가 여러 가지 설득의 말씀을 드렸지만, 그녀의 아버지는 끝까지 우리의 결혼을 반대하셨다. 더 이상의 대화가 성립될 수 없기에 엄마와 나는 그녀의 집을 그냥 나와야 했다. 나는 무척이나 자존심이 상해서 한동안 어쩔 줄을 몰랐다. 그렇지만 "내가 자립할 수 없는 빈털터리인데, 어떻게 하겠는가?" 하고 생각하면서 결혼을 완전히 포기했다. 나는 자존심이 상했던 결혼이 생각나면 소주를 흠뻑 마시면서 아픈 마음을 달랬다. 시간이 지나갈수록 상한 자존심이 치유되지 않고 내 마음 깊은 곳에서 오기가 생기기 시작했다.

'형 때문에 우리 집안이 완전히 망한 사실과 나와 무슨 상관이란 말인가?' 하는 오기가 내 마음속에서 셀 수 없이 치밀어 올라왔다. 나는 또다시 약속의 날을 잡아서 그녀의 아버지를 뵈러 갔다. 이번에는 댓 병 소주(8홉짜리)를 한 병 사고 약간의 안주를 사고서 두 손에 잔뜩 들었다. 그녀의 아버지와 함께 8홉짜리 소주 한 병을 앉은 자리에서 모두 마셨다. 마지막 날이 될 수 있다고 생각하고 갔기에 나는 술에 취하지 않았다. 마지막 설득을 위해 내 정신을 똑바로 차리지 않으면 안 되었다. 술상을 물리고 난 후에 내가 우리의 결혼에 대해 또다시 이야기를 꺼냈다.

오늘이 마지막이라면서 함께 정중히 말씀드렸다.

"우리의 결혼에 대해 한 가지 조건이 있습니다. 오늘 이 자리에서 따님의 답변을 듣고 싶습니다. 만일, 따님이 나를 선택해서 결혼하기를 원한다면, 우리의 결혼을 승낙해 주십시오. 그렇지만 아버님의 따님이 나와의 결혼을 원하지 않는다면, 저는 오늘로써 깨끗이 아버님의 따님을 포기하겠습니다."

갑작스러운 핵폭탄 같은 나의 선언에 깜짝 놀라시더니 곧바로 나에게 질문하셨다.

"자네 말에 약속할 수 있겠는가?"

곧바로 우리가 앉아 있는 안방으로 딸을 오도록 부르셨다. 그녀가 안방에 와서 앉자마자 그녀에게 질문하며 내가 조금 전에 드렸던 질문의 말씀을 똑같이 딸에게 말씀하셨다. 아버님과 나는 그녀의 답변을 기다리는 시간이 흘렀다. 드디어 그녀가 대답했다.

"아버지, 오빠하고 결혼하고 싶어요. 우리 결혼하게 해주세요. 오빠가 불구자가 되어도 제가 먹여 살릴 수 있어요!"

한참 동안 침묵이 흘렀다. 그녀의 엄마는 연거푸 딸의 이름만 부르고 계셨다. 한동안 충격이 되셨는지 아무런 말씀을 못 하고 계시던 아버지가 드디어 말씀하셨다. 오직, 단 한마디.

"결혼해라."

나는 우여곡절 속에서 결혼 승낙을 받아냈다. 우리는 간단한 약혼식과 경기도 여성회관 예식장에서 조촐히 결혼식을 올렸다. 그리고 신혼여행을 갔다. 어디로 갔을까.

용인시 외사면에 사시고 계신 그녀의 큰어머니 댁이다. 그곳에서 일박하고 다음 날에 신혼집으로 우리는 시외버스를 타고 돌아왔다. 신혼집은 처가의 문간방에 준비했다. 대문에 출입하는 사람이 누구인지를 모두 알 수 있는.

그렇게 우리는 새로운 인생의 시작을 했다. 그렇지만 우리는 밝은 미래의 우리 모습을 보고 있었다.

남매가 태어나다

결혼하고 우리 부부에게는 공동의 목표가 생겼다.

나에게는 처가살이 탈출하는 것이었고 아내에게는 친정살이에서 탈출하는 것이었다. 우리는 열심히 노력했다. 한 푼의 돈도 헛된 곳에 지출하지 않고 소비를 줄였다. 우리 부부의 끈질긴 노력의 결실로 우리는 빠르게 독립할 수 있었다.

월세방을 얻어서 기쁨으로 독립했는데 큰 문제가 생겼다. 나라가 혼란에 빠졌다. 박정희 대통령이 경호실장에게 살해당했다. 회식 자리에서 경호실장이 자신의 권총으로 대통령을 저격했다. 곧바로 군부가 개입했고 나라는 군부에 의한 비상계엄령이 내려졌고 정국은 한 치 앞을 내다볼 수 없는 국가 비상사태 속으로 빠져들었다. 저녁 9시 이후에는 대문 밖을 나갈 수 없는 야간 통행금지가 실시되었다. 기업도 많은 어려움에 놓였지만, 국민도 군부의 통제를 받는 상황이 되니, 불확실한 정치 경제 상황으로 불안하였다.

그 혼란스러운 국가 비상 상황에서 아내는 첫 아이를 임신 중이었다. 국가의 비상사태에 아내는 매우 불안해하면서 매일 매일을 울면서 어쩔 줄 몰라 했다.

배 속의 아기가 너무 불쌍하다고 온종일 훌쩍거렸다. 나라가 이토록 혼란스러운데 어떻게 아이를 낳을 수 있겠느냐면서 울곤 했다. 날이 갈수록 아내는 배가 불러오고 산달이 가까웠으나 나라는 더욱더 혼란에 빠져갔다. 그 당시에 비상계엄령을 선포했던 군부가 정권을 잡고자 했다. 국민과 학생들은 군부에 저항하기 시작했다. 나라의 모든 도시에서 군부에 대항하는 데모가 연일 계속되었다.

첫아기의 출산을 앞둔 우리 부부는 매우 심한 고통에 빠졌다. 그리고 점점 다가오는 출산일이 가까이 오게 되니 나는 아내를 데리고 또다시 처가로 들어가야만 했다. 처가에 머무르면서 첫 아이의 출산을 준비해야만 했다.

드디어 아내가 출산의 징후를 보였다. 나는 곧바로 아내를 '성빈센트병원'에 입원시켰다. 그런데 우리에게 또 문제가 생겼다. 아내가 정상 분만이 안 되어 제왕 절개수술로 아이를 출산해야만 했다. 처음엔 의사가 정상 분만으로 출산을 유도해 보자고 했다. 그래서 나는 삼 일을 기다리고 난 후에 수술했다.

태어난 아기는 매우 건강했다. 아들이었다. 나는 매우 기뻤다. 아버지가 되었다는 사실에 감격하면서 나의 아버지를 생각 속에 떠올렸다. 나의 아버지도 나를 낳은 후에 지금 나와 똑같은 감격과 기쁨을 느끼셨을 것이라고 생각했다. 동시에 아버지가 된 나 자신은 무한의 책임감을 무겁게 느꼈다.

아내와 아들을 건강한 모습으로 병원에서 퇴원시키고 나는 더욱 더 열심히 일했다. 그런데 엄청난 회오리바람이 나라의 모두를 삼켜 버릴 듯이 큰 사건이 되어 일어났다. 1980년 5월 18일 광주 민주화 운동이 일어났다. 나라는 극도로 혼란에 빠졌고 국민은 어떻게 해야 할지를 모른 채 모든 국민이 망연자실했다. 나 역시도 아내와 아들을 어떻게 보호해야 할지를 전혀 모르고 닥쳐올 앞날의 미래를 바라보며 노심초사했다. '나는 어떻게 해야 하지?' 정답을 알지 못하고 있었다. 아내는 매일 "아이가 불쌍해서 어떻게 하느냐?"라면서 울고 또 울었다.

그토록 혹독한 혼돈의 시간도 세월이라는 시간의 강물에 마냥 흘러갔다. 그 시간이 만드는 강물의 흐름 속에는 많은 부딪힘과 함께 파생되는 고난의 아픔이 생산되었지만 그래도 시간의 강물은 내 삶 속에서 그렇듯이 지나갔다.

우리 부부는 삼 년의 터울이 되는 둘째 아이를 아내의 임신 속에서 기쁨으로 손꼽으면서 출산의 날을 기다렸다. 그때에는 출산 전에 남자인지 여자인지를 병원에서 확인시켜 주지 않았다. 오직 출산 당일에야 출산의 기쁨 속에서 알 수가 있었다. 둘째 아이도 정상 분만이 아닌 제왕 절개 수술로 출산했다. 이번에는 동수원병원에서 아이를 출산했다. 출산일에 수술실 밖에서 기다리고 있었다.

"딸이에요."

간호사가 아기를 안고 나오면서 나에게 말했다. 나는 깜짝 놀라면서 가슴이 마구 뛰었다. 나는 딸이 출생하기를 마음속 깊은 그곳에서 기원하고 있었다. 나는 오직 형과 나뿐인 형제가 전부였었다. 어려서부터 엄마에게 예쁜 여자 동생을 낳아 달라고 졸라대기도 했었다. 성장하면서 누나와 여동생이 없는 가족의 무덤덤한 모습이 나는 싫었다. 나의 아버지도 딸이 있었으면 하는 말씀을 많이 했다. 아버지는 어느 날 미혼모의 딸을 양녀로 입양하셨다. 그런데 몇 년도 안 되었는데 친모가 우리 집에 찾아와서는 아버지에게 "자신의 친딸을 데려갈 수 있게 해주세요."라고 울면서 호소했다. 친모의 아픔을 알고 계신 아버지는 함께 우시면서 그동안 키우셨던 양녀 딸을 친모에게 돌려줬다.

나는 아내가 둘째를 임신했을 때 딸이기를 내심 고대했다. 그런데 정말로 딸이 태어난 것이었다. 간호사를 따라서 신생아실로 갔다. 신생아실 유리창 문을 통해서 딸과 정식으로 얼굴 인사를 했다. 코가 오뚝하고 이목구비가 또렷한 매우 예뻤다. 나는 나에게 온 딸을 바라보면서 너무나 감동했다.

우리 부부에게 온 아들과 딸로 인해서 우리 부부는 힘들어도 힘든 줄 몰랐고 오직 한가지 생각뿐이었다.

"이 아이들을 잘 가르치고 잘 키워서 우리와 똑같은 삶을 살지 않도록 해 줘야 한다."

우리 부부의 공동 목표가 생겼으니 정말로 더 억척스럽게 열심히 일했다. 우리의 품속에서 잘 성장해 가는 아이들의 예쁜 모습을 보면서 우리 부부는 흡족한 마음뿐 아니라 감사한 마음속에서 아이들의 앞날을 계획하며 실천하는 기쁨으로 살았다. 세상의 어떠한 고난과 고통이 닥쳐와도 아이들이 건강하게 잘 성장하는 모습에 우리 부부의 모든 아픔과 슬픔은 눈 녹듯 사라지곤 했다.

우리 부부는 두 아이의 밝은 미래를 꿈꾸면서 기쁨으로 일했고 견뎌냈다. 오직 아들과 딸이 우리 부부의 시작과 끝이었다.

아들과 딸은 우리 부부의 인생에 함께할 수 있게 된 하늘의 엄청난 선물이었다.

행복 속에서 닥쳐온 시련

우리의 현실은 경제적으로 어려웠다. 나 혼자만의 직장 생활로는 두 아이를 남부럽지 않도록 키우는 데는 매우 부족했다. 그래서 우리 부부는 비즈니스 할 것을 구상하면서 결정하였다.

월세방의 보증금을 반환받고 본격적으로 비즈니스를 시작했다. 그 당시 동네에는 재래식 소규모 가게인 구멍가게가 있었다. 그 무렵 체인 연쇄점이라는 조금 큰 규모의 마켓으로 변모하는 시대였다. 마침, 장인어른께서 연쇄점 체인 본부에서 영업과장으로 일하고 계셨다. 우리는 장인어른의 여러 가지 도움 속에서 연쇄점을 오픈하고 운영을 시작했다. 우리 부부의 근면과 열심 속에서 비즈니스는 조금씩 성장을 거듭했다. 성장을 통해서 비즈니스 자금이 조금 모이면 더 큰 곳으로 장소를 이전하면서 연쇄점 사업은 늘 성공적이었다.

아이들도 아무런 문제 없이 잘 성장해 주었다. 계속되는 비즈니스의 성공으로 규모를 더 크게 늘리면서 사업은 남의 부러움 가운데 계속 확장해 나갔다. 비즈니스에도 안정이 되고 아이들과 함께하는 삶은 늘 행복했다. 그리고 '항우식당'이라는 생고기 전문점을 운영하면서 우리는 재산을 더 모을 수 있었다. 그 자금으로 아파트도 구매했고, 다시 그 아파트를 팔고서 개인 주택도 구매했다. 또

안양의 수리산에 별장 같은 연립 주택도 구매했다.

새 비즈니스도 시작하여 대리점을 운영했다. 톱밥을 성형해서 전통 참 숯을 만드는 과정을 응용한 새로운 특허 상품이었다. 한국 ○○공사의 개척 멤버로서 수원에 대리점을 내고 영업을 시작했다. 처음에는 매출이 극히 적었지만 직원들과 합심하여 시장 개척을 했다. 우리 부부의 성실한 열매는 일 년 만에 엄청난 열매를 맺었다. 전국의 대리점 중에서 매출 1등을 했다. 본사에서 모범 대리점 표창까지 받았다. 대리점도 안정권에 진입하고 비즈니스의 모든 것이 아무런 문제없이 잘 성장하면서 발전해 나갔다. 구역도 점점 확장해 나가면서 강원도 홍천에 전통 참숯 생산 시설을 만들었다. 우리 부부가 계획을 세우며 추구하는 모든 일이 안정적으로 승승장구했다.

그런데 세상은 우리를 시샘한 것일까. 엄청난 고난이 우리 가족의 삶 속에 깊이 파고들었다. 큰아들이 초등학교 4학년 여름 방학이었다. 우리는 여느 때처럼 바쁘게 하루를 보내고 온 가족이 함께 잠자리에 들었다. 모기가 많아서 안방에 큰 모기장을 치고서 네 명이 반듯이 누웠다. 매우 행복한 시간이었다. 우리 가족은 모든 일에 만족해하는 삶 속에서 잠이라는 쉼은 우리에게 매우 큰 휴식의 안락함이었다. 나는 눕기가 무섭게 깊은 잠에 빠져들었는데 갑자기 아내가 나를 마구 흔들어서 깨웠다.

"아들이 이상해요! 빨리 일어나요!"

아내의 다급한 목소리에 깜짝 놀라서 벌떡 그 자리에서 일어나 아들을 보았다. 아들의 모습은 충격적이었다. 어떻게 할 바를 모르고 그냥 아들을 내 품에 꼭 안고만 있었다.

"병원, 병원에 가야 해요!"

아내가 고함을 쳤다. 급히 아이를 차에 태우고 아이가 태어났던 병원으로 달려갔다. 병원 응급실에 아이를 눕혔다. 그런데 크나큰 문제에 봉착했다. 아동 신경외과 전문의가 병원에 없었다. 그 이튿날이 광복절로 연휴였다. 아동 신경외과 전문의가 연휴를 통해서 휴가를 가고 없었다. 아들은 의식을 잃었고 인턴과 레지던트 의사들이 어떻게 할지를 몰라 했다. 아무런 의학적 조치도 취하지 못하면서 우리는 밤을 하얗게 새웠다.

이른 아침이 되었다.

"의사 선생님이 지금은 휴가 중이라 며칠 후 병원에 출근하십니다. 제가 보기에는 아이가 가망이 없어 보입니다. 퇴원 준비를 하여 주십시오. 혹시 ○○대학 병원에 가시면 어떨까? 생각합니다. 그 일이 성사되지 않으면 아동 신경외과 전문의가 근무하고 있는 큰 병원으로 가시도록 하십시오."

레지던트 의사가 우리 부부에게 한 이야기는 청천벽력이었다. 아내는 그 자리에 펄썩 주저앉아서 큰 소리로 울기 시작했다.

"우리 아이를 살려 주세요!"

아내가 계속해서 울부짖으며 레지던트 의사에게 매달렸다.

"죄송합니다."

레지던트 의사는 같은 말만 계속할 뿐이었다. 우리는 울고만 있을 수 없었다. 어떻게 해서든지 아들을 살려야만 한다는 생각뿐이었다. ○○대학병원에 계속 전화로 연락했다. 아들의 위급한 상태를 이야기하며 울면서 사정했지만, 답변은 입원실이 없다는 냉정한 대답이었다. 친구의 아내가 병원에 수간호원으로 근무하고 있었기에 친구 아내에게도 부탁했지만, 대답은 똑같았다.

우리는 ○○대학병원을 포기하고 신경외과 전문의가 근무하고 있는 병원을 찾기 시작했다. 그리고 개인 병원에 신경외과 전문의가 원장 선생님이신 조그마한 개인 병원을 찾아냈다. 광복절 아침에 아이를 개인 병원으로 옮겼다. 병원에서 검사한 모든 서류를 가지고 갔다. 그리고 원장 선생님께 그 서류를 드리면서 우리 부부는 신신당부했다.

"우리 아이를 살려 주십시오!"

원장 선생님은 자신의 병원에서 자체적으로 몇 가지 검사를 더 하겠다고 했다. 그 이후에 어떻게 할 것인가를 이야기하겠다고 했다. 우리 부부는 의식을 잃고 누워 있는 아들을 바라보면서 병실을 지켰다. 검사 결과가 나왔다고 원장 선생님이 이야기를 시작했다.

"확실한 병명은 확인되지 않았습니다. 그렇다고 그냥 기다릴 수 없으니, 내일 아침에 뇌 수술을 해봅시다. 뇌를 열어야 알 수 있을 것 같습니다. 뇌 수술을 많이 했었으니 나를 믿어주십시오."

우리 부부는 어떤 이야기도 할 수가 없었다. 그냥 말하기를, "아이를 살려주세요!"라는 말만 계속했다.

아내는 눈물을 그치지 않고 계속해서 울고 또 울었다. 우리 부부는 밥은 물론이고 물 한 모금도 입으로 넘길 수 없었다. 아이의 생사를 놓고 다른 생각은 떠올릴 수 없었다. 오직 아들이 완치되는 일 외에는 다른 생각을 할 수가 없었다. 막막하기만 했다. 아니 머릿속이 하얗다고 표현해도 지나친 표현이 아니었다. 그렇게 해가 넘어갔다. 세상은 깜깜해졌다. 내 마음 역시 깜깜해졌다. 나는 어떻게 해야 할지를 모르고 매우 안절부절하고 있었다. 끊임없이 아내는 울고 아들은 내일 아침에 뇌 수술을 한다고 해도 우리가 원하는 좋은 결과를 얻을 수 있다고 보장할 수 없고, 또 다른 확실한 묘수는 없고 가슴이 터질 것 같았다.

아들을 아내에게 맡기고 나는 홀로 병실 밖으로 나왔다. 깜깜한 밤이었지만 주차장에는 가로등이 희미하게 켜져 있었다. 나는 그 가로등에 기대어 섰다. 갑자기 눈물이 쏟아지기 시작했다. 아내의 눈물 앞에서 꾹 참았던 눈물이 감당할 수 없을 정도로 한꺼번에 쏟아졌다. 나는 몸부림치면서 큰 소리로 울고 또 울었다. 걷잡을 수 없이 쏟아지는 눈물을 주체할 수 없었다. 통곡하고 울면서 깜깜한 허공에 대고 큰 소리로 악을 쓰면서 고함을 치고 또 고함을 쳤다.

"하나님! 사람들이 그러는데 죽은 사람도 살릴 수 있는 하나님이라고 했습니다. 내 아들을 살려 주기만 한다면 나는 나에게 하나님이 하라는 모든 일을 할 수가 있습니다. 하나님, 우리 아들을 살려주십시오."

내 평생에 처음으로 '하나님'을 부르는 순간이었다. 그때까지 난 단 한 차례도 하나님을 내 입으로 불러본 적이 없었다. 부모님께서 물려주신 종교가 나의 종교가 되었고 그 당시에는 우리 부부가 불교에 많이 심취되어 있었다. 일요일이면 스님의 법문을 듣기 위해서 조계종의 절을 찾곤 했었다. 그런데 나는 부처가 아닌 '하나님'을 큰 소리로 찾으며, 나의 소원을 통곡의 눈물과 함께, 하나님께 큰 소리로 외치고 또 외쳤다. 어두운 밤이라 물론 사람들이 없었지만 나는 창피함도 모른 채 악을 쓰면서 하늘을 향해 외쳤다. 그렇게 그날 밤도 아들의 얼굴을 쳐다보면서 우리 부부는 하얗게 밤을 지새웠다.

이튿날 아직도 해가 떠오르지 않아서 깜깜한 새벽의 아침이었는데 병원 문을 거세게 두드리는 소리에 병원에 큰 소동이 일어났다. 물론 병원이 문을 열기도 전이었다. 급한 모습으로 간호사가 우리의 병실에 와서 나에게 이야기하기를 웬 사람이 와서 나를 찾는다고 이야기했다.

이 새벽의 시간에 누가? 나를 찾는다는 것인가? 하는 생각을 하면서 병원 출입구 쪽으로 갔다. 만나 본즉슨 강원도 홍천에서 참숯 생산 시설을 관리하면서 생산하는 ○○○이었다. 뜻하지 않은 그의 방문에 나는 매우 놀랐다. 아니 이 새벽에 강원도 홍천에서 왔다면 도대체 몇 시에 출발했다는 것인가? 나는 매우 놀랄 수밖에 없어서 어떻게 알고 여기까지 왔느냐고 물었다. 그가 대답하기를

"어제 하루의 일과를 끝내고 저녁 식사 후에 쉬고 있는데 정 사장님 생각이 떠올라서 지울 수가 없었습니다. 정 사장님에게 무슨 일이 생긴 것 같은 불안한 마음이 나를 계속 괴롭혔습니다."

그는 잠을 청해도 잠을 이룰 수 없었다고 했다. 끊임없이 내 생각에 사로잡혀서 내게 전화를 걸었는데 받지를 않았다고 했다. 그때는 지금처럼 핸드폰이 없었다. 그래서 수원 정 사장님에게 가보자고 결정하고 밤을 새워서 강원도 홍천 산속에서 수원의 내 집까지 왔다고 했다. 그리고 우리 집에서 월세를 사는 사람한테서 우리의 모든 이야기를 듣고 병원까지 왔노라고 했다.

그는 지금 아들의 상태가 어떠한지를 물었고, 나는 자세히 이야기를 해줬다. 오늘날이 밝으면 '뇌 수술을 한다'라고 했다.

"지금 부천에 계시는 나의 아버지께 갔다가 다시 올 테니 제가

돌아올 때까지 아드님 수술을 미루고 꼭 기다려 주십시오."

그가 신신당부했다. 그러면서 자세한 이야기는 자신이 아버지를 뵙고 난 이후에 이야기할 거라면서 급히 병원을 떠나갔다. 무엇이 어떻게 진행되고 있는지 이해할 수 없는 현실이 매우 안타까웠다. 드디어 병원 원장 선생님이 수술 준비를 모두 마친 후에 아들을 수술하자고 했다. 나는 원장 선생님을 이해시켜 드리기 쉽지 않았지만 ○○○이 다시 돌아올 때까지 수술을 보류해 주도록 간곡히 간곡히 요청을 드렸다. 그리고 그가 오기를 무작정 기다리고 있었다. 왜?? 나는 어떻게 연락을 취할 수 없었기 때문이었다. 그를 기다리는 1분 1초가 왜 그렇게 길게 느껴지는지….

우리 부부는 조바심 속에서 무작정 기다리고 기다렸다. 정오가 다 되어서 ○○○이 병원에 다시 돌아왔다.

"지금 아드님을 퇴원시키고 ○○○대학병원으로 갑시다!"

그가 우리 부부에게 재촉했다. 우리 부부는 귀를 의심했다. 그토록 애걸복걸하면서 입원 치료를 요청했지만, 입원실이 없다면서 거부를 당했는데 갑자기 아들을 옮기자고 하니 우리 부부는 어안이 벙벙해서 아무 말도 하지 못하고 멍청히 서 있었다.

그가 비로소 자초지종을 이야기했다. 우리 부부는 망설일 시간이 없었다. 곧바로 원장님에 들러서 간곡하게 말씀드리고 아들이 퇴원하도록 요청했다.

아들을 급히 ○○대학병원으로 옮겼다. ○○실에서 처음으로 뵙게 된 그분이 매우 친절하게 우리를 맞아주셨다. 그러고는 직원에게 메모지 한 장을 건네주셨다.

"우리 직원을 따라가시면 잘 안내해 드릴 겁니다."

우리 부부는 몇 번이고 감사의 인사를 드리고 직원을 따라갔다. 아동 병동이 따로 있었다. 역시구나! 하면서 우리 부부는 그제야 안심했다. 접수실에 도착했다. 그때 직원이 우리를 소개한 이후에 나의 간단한 개인정보를 묻고는 응급실의 아이에게 가보라면서 모든 접수는 자신이 알아서 해놓겠다고 했다.

얼마 후 아들은 중환자실로 옮겨졌다. 그리고 아동 신경외과 전문의를 만났다. 미국에서 아동 신경외과 박사학위를 받은 의사였다. 이 의사의 5분 진료를 받기 원하면 6개월 전에 예약해야 한다는 그분이었다. 그렇듯 유명한 의사가 우리 아이의 주치의가 되었다. 그분은 우리 아들에게 몇 가지 검사를 할 예정인데 그중에 '자기공명촬영(MRI)을 하면 뇌를 단층으로 촬영해서 정확한 진단을 할 수가 있다. 우리 부부에게 너무 걱정하지 마시라.'고 우리 부부를 안심시켜 주었다. '자기 공명 촬영'은 그 당시에 매우 생소한 촬영이었다.

그날 우리 부부가 전혀 예상하지 못한 일이 일어났다.

기적! 아들이 깨어난 것이었다.

"엄마! 아빠!"

엄마와 아빠를 알아보고 입을 열어 우리를 불렀다. 너무너무 기뻤다. 아들이 살아났다. 아이에게 뇌 수술을 받게 했으면 어찌할 뻔했는가. 생각만으로도 아찔했다. 놀라움과 감사하여 우리 부부는 너무나 좋아서 어찌할 바를 몰랐다.

아들에게 자기공명촬영과 혈액검사를 했다. 결과가 나왔다. 단층 촬영 결과는 아들의 뇌 속에 쌀알만 한 크기의 알 수 없는 모양이 세 개가 있었다. 의사의 소견은 종양 같은 모양인데 악성 종양인지 바이러스에 의한 종양인지는 확인할 수가 없고, 계속해서 지켜보겠다고 했다. 수술은 하지 않겠고 약물 치료하면서 지켜보겠다고 했다. 며칠 후 아들은 퇴원하였고 통원 치료를 하면서 약물치료와 정기적인 검사 과정을 거쳤다. 그러고는 MRI 촬영에 쌀알만 한 종양이 없어졌다는 판정을 받았다. 아들이 완전한 치유가 된 것이었다. 지금까지 우리 아들은 아무런 문제 없이 잘살고 있다!

엄마의 신앙고백

아들이 완전히 치유되었다. 그 후 우리 가족은 다시 평온을 되찾았다. 언제 우리에게 어렵고 힘든 시간이 있었는지를 우리는 잊고 마냥 행복한 나날을 보내고 있었다. 하루하루의 시간 속에서 우리는 또다시 최선을 다하면서 그리고 삶의 즐거움을 누리면서 평화스러운 기쁨을 맛보고 있었다. 또 우리 부부가 진행하는 모든 비즈니스도 아무런 문제 없이 잘 진척되고 있었다.

또다시 세상은 우리 가정의 평화를 시기하고 질투했다.

늘 허약하신 엄마가 비교적 투병 생활을 잘하고 계셨는데 어느 날부터 몸져누우셨다. 때때로 엄습해 오는 고통에 힘들어하셨다. 엄마를 병원에 입원시켜 갖가지 검사를 한 결과 말기(4기) 간암이라는 진단이 나왔다. 정말로 진퇴양난이었다.

어떻게 치료할 수 없다는 의사의 소견이었다. 아버지처럼 엄마도 의사가 치료를 포기했다. 남편을 갑작스럽게 잃고 20년의 긴 세월을 혼자서 일상의 삶을 사시던 엄마를 생각할 때면 나는 내심 무척 안쓰럽고 죄송하고 가슴이 늘 저렸다. 그런데 아버지처럼 엄마에게도 어떠한 치료를 할 수 없다니….

나는 매우 낙심하였고 절망에 빠졌다. 하루의 일상이 끝나면 엄마의 병실에 찾아갔다. 그냥 무기력하게 누워 계신 엄마의 침대 주변에 모든 식구가 비좁게 모여 서서 침묵만이 병실에 흐를 뿐 누구도 무슨 말을 하지 않았다.

무거운 침묵 속에서 엄마가 갑자기 내 이름을 부르면서 '오늘은 엄마하고 병실에서 함께 잠을 잤으면 좋겠다.'라고는 다른 식구들은 모두 집으로 돌아가라고 독촉하셨다. 함께 있던 가족들이 머뭇거리면서 조금 더 병실에 있겠다고 하니 손을 내저으면서까지 만류하면서 "어서, 어서 가라." 하면서 종용하셨다. 모두 병실을 떠나가고 엄마와 내가 병실에 남았다.

엄마가 이야기를 시작하셨다. 웃음기 없는 이야기가 매우 힘들었다. 그때였다. 엄마가 또다시 내 이름을 부르면서 꼭 하고 싶은 이야기가 있다고 하셨다.

"영만아, 엄마가 예수님의 딸이 되기로 했다. 병원에 입원해 있는 동안에 네 형수가 목사님을 모셔 와서 성경 이야기도 해주고 하나님 찬송도 했다. 그런데 목사님의 말씀에 예수님을 믿지 않고 죽으면 지옥에 가서 불구덩이에 들어간다고 말씀하셨다. 그래서 나는 예수님의 딸이 되기로 했다. 내가 죽는 것도 무섭지만 내가 죽어서 불구덩이에 들어가는 것은 더 무섭다."

나는 엄마의 입에서 나오는 폭탄 고백에 혼비백산이 되었다. 엄마가 당신 죽음을 알고 있는 것도 놀랍고, 무엇보다도 예수님의 딸이 되었다는 엄마의 신앙고백에 엄청 화가 났다. 가까스로 내 마음을 진정하고 엄마에게 한 가지 질문을 했다.

"아버지는 하나님을 믿지 않고 부처님을 믿고 돌아가셔서 엄마와 만날 수 없는데 괜찮으세요?"

"괜찮다."

내 물음에 엄마가 곧바로 내게 대답하셨다. 그러면서 나에게 당부의 말씀을 진지하게 하셨다.

"영만아, 엄마가 스스로 예수님의 딸이 되기로 했다. 그러니 내가 죽고 난 이후에 형하고 이 일로 서로 싸우지 말아라. 내가 원해서 예수님의 딸이 된 것이다."

그 날밤 나는 더 이상의 말을 엄마에게 할 수 없었다. 그렇지만 내 마음속 깊은 곳에서는 형과 형수에 대한 원망과 분노가 불타올랐다. 엄마 앞에서 이러한 나의 마음을 표현할 수 없었지만 형과 형수에 대해서 쉽게 용서할 수 없다는 마음을 억지로 이를 물고 삭이면서 엄마와 함께 긴 밤을 꼬박 지새웠다.

왜일까? 엄마는 평생을 절에 다니셨다. 나도 독실한 불자였다. 그런데 형과 형수가 '지옥의 불구덩이'라는 말로 위협하고 압박하여 엄마를 더 힘들게 했다고 생각되었다. 또 하나는 죽음을 앞두고 계신 엄마에게 죽음에 대해 말하지 말아 달라고 부탁했다. 당신의 죽음을 미리 알게 되는 고통을 드리고 싶지 않았기 때문이었다. 그토록 부탁한 나의 말이 모두 무시되고 엄마는 당신 죽음 앞두고 예수님의 딸이 되겠다는 엄마의 신실한 신앙고백을 하기까지 엄마가 느꼈을 갈등과 공포와 두려움의 시간이 느껴졌다.

아버지처럼 엄마도 아무런 병원 치료를 받을 수 없는 상태로 퇴원했다. 형네 집에서 계시겠다면서 형과 형수와 남은 시간을 보내시겠다고 하셨다. 우리 집에 가시자고 몇 번이고 말씀드렸지만, 엄마는 단호하게 거절하셨다.

"큰아들이 있는데 내가 왜 작은아들 집에서 머무느냐?"라면서 오히려 반문하셨다. 이 상황에서 나는 어떻게 할 수 없었다. 그냥 엄마의 의견을 존중해 드리고 남은 삶을 편안하게 해드려야겠다는 생각뿐이었다.

엄마의 임종 시간이 다가왔다. 아무것도 할 수가 없는 무기력함 속에서 나는 엄마를 다른 세상으로 보내드려야 했다.

"엄마! 아프지 않은 곳, 편하시고 좋은 곳으로 가셔서 행복하게 사세요!"라며 엄마의 손을 꼭 엄마를 다른 세상으로 보내드려야 했다.

"사람이 한 번 죽는 것은 정해진 일이요, 그 뒤에는 심판이 있습니다."(히브리서 9:27)

두 자녀의 조기 유학

미국 유학을 선택한 딸과 아들

모든 부모가 자신의 아이에게 최선을 다해 키우듯이 우리 부부도 예외가 아니었다. 우리 부부의 삶의 목적은 모두 아이에게 향해 있었다.

아내는 아이들에게 'ALL IN' 하는 시간을 가졌다. 아이들이 그들의 시간을 그냥 소홀하게 보내지 않도록 많은 과외의 활동을 하도록 적극적으로 아이들을 가르쳤다. 그중의 하나는 개인 영어 과외였다. 때마침, 미국에서 물리학 박사학위를 받고 삼성반도체에 'PICK-UP'된 분이 있었다. 남편의 직장 때문에 온 가족이 미국에서 수원으로 이사를 왔다. 그분의 아내 되는 여선생님이 우리 아이들의 영어 개인 선생님이 되었다. 아내는 매우 좋은 기회라고 무척이나 흥분했었다.

그때 나는 아이들의 교육은 전적으로 아내에게 위임했고 아내가 도맡았다. 내가 보기에도 매우 잘하고 있다고 느꼈다. 집안일은 아내가 잘 꾸려나가는 덕에 나는 오직 사업에만 몰두할 수 있었다.

큰아이가 초등학교를 좋은 성적으로 졸업하였다. 아내는 아이들을 데리고 미국 여행을 갔다가 오는 게 좋겠다는 의견을 내놓았다. 물론 아들의 초등학교 졸업 선물이라는 명목이었지만 생각은 계획이 되고 곧 실천에 옮겨졌다. 선생님 댁 가족과 아내와 아이들이 미국 여행길에 올랐다. 미국이 얼마나 큰 나라인지 제대로 알지도 못한 아내와 아이들이 미국 여행 중의 여러 이야기를 전화로 내게 알려왔다. 미국에서의 모든 일이 신기하고 아름답게 그들의 눈에 들어왔다.

미국 여행을 무사히 끝내고 귀국하기로 계획되고 약속된 시간에 인천 국제 공항 대합실에 나는 마중을 나갔다. 나 역시도 약간 흥분되고 오랜만에 만나는 가족과의 재회를 무척이나 조바심 속에서 기다리고 있었다. 드디어 비행기가 미국에서 출발하여 도착했다는 안내 방송이 들렸다. 잠시 후에 많은 사람이 공항 대합실로 나오기 시작했다. 많은 귀성객 속에서 아내의 모습이 보였다. 또한 아들의 모습이 보였다. 그런데 딸이 보이지 않았다.

여행 중에 딸이 미국에서 공부하고 싶다는 전화는 받았지만 진짜로 귀국을 안 할 줄은 생각도 못 한 일이었다. 어떻게 어린 딸이 미국에서 홀로 아빠, 엄마, 오빠와 헤어져 생활할 수 있을까.

집으로 차 안에서 아내가 말했다. 아이들의 영어 교사였던 선생님의 남편이 한국 생활에 적응 못 하고 미국에서 다시 직장을 잡아 캘리포니아에 정착했다고 했다. 우리 딸이 그 선생님 댁에 머물기로 했다면서 그 선생님이 학교에 보내고 돌봐주겠다고 했다면서 안심하라고 내게 몇 번이고 이야기했다. 이미 물은 엎어졌는데 어떻게 변경시킬 수는 없는 일이었다.

그 후 매일 매일 궁금한 모든 건 딸의 안부였고 소식이었다. 가족과 떨어져 얼마나 외로울까, 마음이 찡했던 게 한두 번이 아니었다. 그렇지만 딸은 씩씩하게 잘 지내고 있었다. 오히려 내가 걱정할까 봐 나를 안심시켰다.

"나는 잘 지내고 있으니 걱정하지 마!"

딸이 보고 싶고 또 그리워서 쉽지 않은 나날을 보내고 있었다.

"아빠 엄마 나도 미국에 가서 동생하고 같이 있으면서 공부하고 싶어."

아들이 말했다. 그래서 우리는 또 한 번의 큰 결심을 하고 아들을 미국행 비행기에 홀로 탑승시켜서 보냈다. 물론, 선생님이 LA 공항에서 아이를 픽업하기로 약속했지만, 중학교 1학년생을 홀로 보내는 나는 불안하고 초조했다. 안심도 되지 않았고 꼭 아들을 잃어버리는 기분이 되었다. 아들이 공항에 도착해서 선생님을 만났다는 전화 소식이 올 때까지 나는 그 긴 시간을 안절부절못했다. 그 시간이 얼마나 길게만 느껴졌는지 모른다.

그렇게 나는 두 어린아이를 미국에 보내놓고 매우 외로움 속에서 지냈다. 아이들이 너무너무 보고 싶고 모습이 아른거려서 하는 일이 제대로 손에 잡히지 않았다. 온통 머릿속에는 아이들과 함께 지냈던 일들이 떠나지 않았다. 금방이라도 아이들이 방문을 열고 들어올 것만 같았다. 아내보다 내가 아이들이 없는 외로움을 더 많이 탔다.

아들이 미국으로 떠나가고 첫 번째 맞는 아들의 생일을 핑계로 우리 부부는 미국행 비행기에 몸을 실었다. 아이들이 미국으로 떠나가고 불과 몇 달 만에 소문으로만 들었던 LA 국제공항에 도착했다. 공항의 광대한 규모에 매우 놀랐다. 우리 대한항공이 정착한 곳에서 공항 대합실까지 거리는 매우 복잡하고 미로 같은 매우 먼 거리에 있었다. 한참을 함께 탑승했던 무리 속에서 묻어갔는데 가방을 픽업하기에도 꽤 먼 거리였다. 드디어 우리의 가방을 찾았다. 그리고 대합실을 향해 갔다. 어찌나 많은 사람이 대합실을 향해서 바쁘게 움직이는지 나는 다시 한번 놀랐다. 역시 세계적인 공항이었다.

입국심사를 마치고 우리를 기다리고 있던 선생님과 만났다. 그때에서야 나는 안심하고 큰 숨을 내쉬었다. 선생님의 집은 캘리포니아 남쪽에 있는 토랜스라는 도시였다. 굉장한 부촌이다. 10분이면 태평양 바다를 갈 수 있었다.

그 태평양 건너편에 대한민국, 내 나라가 있고 또한 우리의 삶의 터전이 있는 곳이다. 육신의 고향이 있다. 우리는 그곳에 머무는 동안에 바다에 몇 번 갔다. 태평양 건너편에는 내 조국이 있다는 사실 하나만으로도 태평양 바다는 매우 친밀감을 느꼈다. 꼭 대한민국인 내 조국의 동해안 강릉에 서 있는 느낌을 받았다. 아이들과 일주일을 함께 체류하면서 아이들을 위한 시간으로 우리의 일정을 올인했다. 귀국길에 오르면서 아이들과의 이별은 역시 힘들었다. 아이들과 함께 머무는 동안에 아이들이 나에게 질문했다.

"아빠, 엄마! 우리 교회에 나가도 괜찮아?"

아니, 그들은 벌써 교회에 다니고 있었다. 선생님 가족이 주일마다 모두 교회에 나가고 있었다. 선생님과 함께 토랜스에 있는 제일침례교회에 출석하고 있었다.

"아빠, 엄마의 종교인 불교와 상관없이 너희들은 너희가 원하고 좋아하는 종교를 선택해."

나는 아이들에게 교회에 가도 괜찮다고 허락했다. 그토록 그리운 내 아이들이 원하는 일에 찬물을 끼얹을 수는 없는 일이 아닌가. 우리 부부는 일주일 만에 아이들과 헤어져서 매우 무거운 마음으로 귀국하는 비행기에 올랐다.

미국에서 만난 나의 두 남매

LA까지 날아가서 그토록 보고 싶었던 두 아이를 만나고 왔으나, 아이들에 대한 그리움은 쉽게 가시지 않았다. 오히려 시간이 흐를수록 그리움은 더욱더 커졌고, 외로움을 타는 내 마음은 멈추지 않았다.

아이들이 없는 가정의 삭막함은 쉽게 회복할 수 없는 인생 시간의 아픔이었다. 사업에도 의욕을 잃고 생활의 모든 순간이 엄청 지루하기만 했다. 아내에게 몇 번이고 심통이 나서 투정 섞인 상의를 했다. 미국에 다시 가서 아이들을 한국으로 데려오자고. 그러나 나의 바람은 아내에 의해 여지없이 일축되곤 했다. 아내의 핀잔을 듣고 보면 그 또한 아내의 말에 일리가 있다고 수긍하며 이해하면서 그리움을 꾹꾹 누러 참아내곤 했다.

오직 나의 유일한 기쁨이고 희망은 미국에 있는 아이들에게서 오는 소식이었다. 겉으로는 표시를 안 냈지만 애타게 아이들의 밝은 소식, 아이들이 미국에 잘 적응하고 있는 소식을 기다리고 기다렸다. 삶 속에 기쁨과 힘든 마음을 아랑곳하지 않고 인생의 시간은 철없이 흐르고 흐르면서 정해진 계절은 연속 바뀌고 있었다. 더디게 가는 듯한 시간 속에서 난 미국에서 날아온 한 통의 편지를 읽고 큰 충격에 빠졌다. 그 편지는 미국에서 아들이 보낸 글이었다.

아들의 현재 마음을 글로써 절절히 표현하고 있었다. 아들은 무척 힘든 시간을 보내고 있다고 했다. 더는 미국에서 부모 없이 견딜 수 없다는 결론으로 편지의 끝을 맺고 있었다. 사춘기로 1년이 넘는 시간 속에서 방황을 많이 했었던 마음은 더 이상 인내할 수 없다고 미국 생활에 대한 아들의 아픔을 고백하고 있었다.

아이들이 부모 없이 겪어야 할 모든 일을 미리 예견하지 못하고 오직 아이들의 장래를 위해서는 현재의 어려움을 감수해야 한다는 어리석은 부모의 욕심이 불러온 아픔이었다. 아이들의 마음에 세상의 많은 아픔이 열매 맺고 있었다는 게 무척 내 마음을 아프게 하고 고통스럽고 후회가 되었다.

아들의 편지에 우리 부부는 아이들을 위하여 결정을 내려야 할 기로에 놓였다.

미국에 이민하여서 아이들을 돌보며 미국 생활에 적응할 것인가, 아니면 또 다른 하나는 아이들을 미국에서 데려와야 하는가? 두 길 중에서 우리는 오직 하나를 선택해야 했다. 두 길 모두 우리에게는 쉽지 않은 결정이었다.

그때 나는 사업이 확장해 경기도 총판 대리점을 운영하고 있었고, 아내도 2층으로 된 새 건물을 짓고 식당을 새롭게 개업하여 제법 잘 운영하고 있었다. 아이들이 없는 무료함을 떨쳐내기 위해 식당을 운영하고 싶다는 아내의 제안에 기꺼이 2층 건물을 짓고 식당을 오픈한 것이었다.

진퇴양난이었다. 그렇지만 우리는 빠른 시간에 결정해야 했다. 결론은 내가 사업을 정리하여 미국에서 아이들과 함께 생활할 수 있는 터전을 마련하기로 했다. 대신 아내는 홀로 한국에 남아서 식당 운영을 계속하기로 했다. 그것이 우리가 할 수가 있었던 최선의 선택이었다.

내가 운영하고 있었던 비즈니스를 싼값에 매각했다. 빠른 시간에 정리하기 위해서는 어쩔 수 없는 일이었다. 아들의 편지를 받고 일주일 만에 나는 홀로 미국행 비행기(KAL)에 올랐다. 여행을 별로 좋아하지 않는 나는 평생에 처음으로 미국행 비행기에 홀로 몸을 실었다. 물론 LA 공항에서 아이들의 선생님이 마중 나올 것이라는 약속과 함께 10시간이 넘는 비행 후에 공항에 도착했다.

그토록 길고 긴 시간 동안 기내에서 나는 매우 불안하고 두려운 마음으로 꽉 차 있었다. 어떻게 진행될지 모르는 미국행이었기 때문이었다.

과연 아이들의 소원처럼 미국에 잘 정착할 수 있을지? 아니면, 절망하는 가운데 아이들과 함께 한국으로 되돌아가야 하는지? 온 가족의 엄청난 미래를 향한 두려움은 쉽지 않았다. 미국 입국 절차를 무사히 끝마치고 대합실로 나왔다. 많은 사람이 붐비고 있었다.

그런데 큰 문제가 생겼다. 공항에 마중 나오기로 약속했던 선생님이 군중 속에서 보이지를 않았다. 무작정 기다리면서 선생님을 찾기 위해 열심히 군중을 주의 깊게 바라보면서 찾았다. 그렇지만, 선생님은 군중 가운데 없었다. 점점 불안한 마음이 내 마음을 사로잡았다. 예상 밖의 상황에 어떻게 해야 할지를 모른 채 나는 멍청이 서 있을 뿐이었다.

매우 두려운 시간이 흘렀다. 그때 실내 방송이 대합실에 울렸다. 얼떨결에 내 이름을 부르면서 무엇인가? 안내의 말을 하는 것 같은 소리를 들었다. 나는 빠르게 안내하는 곳으로 갔다. 하지만 그들이 무슨 말을 하는지 불행하게도 나는 한마디도 알아들을 수가 없었다. 나는 안내 방송을 했던 안내원에게 예의 있는 모습으로 종이 위에 글로 써서 주기를 정중히 부탁했다. 종이를 받아 들고 읽고 보니 더욱 마음이 심란해졌다. 선생님이 별안간 일이 생겨서 공항에 마중을 갈 수가 없었다는 글과 함께 조금 더 기다려 주면, 택시 기사가 와서 나를 찾을 것이라는 내용이었다.

무턱대고 한참 동안을 기다리고 있는데 웬 중년 남자가 와서 내이름을 불렀다. 택시 기사였다. 선택의 여지 없이 택시 기사와 함께 아이들이 머무는 곳으로 갔다. 아이들과 만나서 반가운 오랜만의 재회를 뒤로하고 나는 이튿날 아침 일찍이 또다시 네바다주의 리노시를 향해서 국내선 비행기에 올랐다.

3부

이민자의 삶

미국에 오다

네바다주 리노에서 시작한 이민 생활

네바다주의 리노에 온 것은 매우 큰 목적이 나에게 있었다. 나는 이곳에서 미국 생활의 처음을 열고 싶었다. 솔직한 이야기로 나는 미국의 시작을 하는 데 있어서 전혀 이민에 대한 상식이 없었다.

그곳에 두 명의 친구가 살고 있다. 부모와 함께 이민을 왔던 케이스로, 그 당시 그 친구들은 안정적인 이민 생활을 하고 있었다. 그 친구의 조언을 받아 가면서 우리 가족의 이민을 성공적으로 이끌고 싶었다.

네바다주, 리노는 소도시였다. 그러나 매우 유명한 도시였다. 게임의 도시로 많은 관광객이 찾는 곳이었다. 친구와 반갑게 만나고 앞으로의 정착 계획을 세웠다. 무엇 하나 확실하게 보장된 것은 없었고 제로(0)에 놓고 하나씩 실현해야 하는 것이다. 우선 친구

집에 머물면서 첫 번째의 계획을 시작했다.

제일 급선무는 소셜 넘버를 연방정부로부터 받는 것이었다. 친구와 함께 연방 이민국에 가서 정식으로 신청서를 냈다. 그 후 며칠 만에 다행스럽게도 번호를 부여받았다. 그 당시만 하더라도 이민국이 부드러웠던 것 같다.

너무나 기뻤다. 아내에게 전화를 걸고 진행 상황을 설명해 줬다. 아내가 매우 좋아했다. 그다음 단계로 운전면허 신청하기 위해서 DMV에 갔다. 필기시험(영어)을 치렀다. 가볍게 합격했다. 실기 시험을 봐야 하는데 실기 담당관이 실기 응시를 할 수 없다고 단호하게 거절하는 게 아닌가.

"우선 실기 연습을 하는 게 우선이다."라는 권면과 함께. 내가 다음날 실기 시험을 볼 수 있도록 해 달라고 요청했기 때문에 거절을 당한 것이었다.

"너를 어떻게 믿고 네가 운전하는 차에 동승해서 시내 주행을 하느냐? 나는 사고로 죽고 싶지 않다."라는 시험 담당관의 말은 정확한 지적이었다. 잠깐 궁리하던 끝에 나는 매우 훌륭한 아이디어가 생각났다.

곧바로 가지고 있었던 한국에서 받은 운전면허증을 꺼내서 시험 담당관에게 보여줬다. 15년 정도의 운전 경력이 표시된 면허증을 보고는 쾌히 승낙해 주었다. 그 이튿날 실기 시험을 보았다. 당당히 합격하고 면허증을 DMV에서 받았다. 내 사진이 있는 미국 운전면허증을 처음 받고 보니 꿈만 같았다.

그다음 단계로 아파트를 렌트했다. 방 2개짜리 아파트를 친구의 재정 보증으로 계약하고 곧 입주할 수 있었다. 아이들의 학교와 상가가 가깝게 있는 위치가 좋은 곳으로 정했다. 모든 일이 전광석화처럼 순조롭게 진행되었다. 일주일 만에 일차적인 정착을 위해서 모든 일을 마무리할 수 있었다.

순조로운 이민 절차에 만족한 나는 한국에 있는 아내와 통화를 하면서 우리는 기쁨을 감출 수 없었다. 나는 아이들을 데려오기 위해서 자동차를 렌트하고, 아이들이 있는 캘리포니아로 친구와 함께 출발했다. 그 당시의 감격은 아직도 잊지 못할 나만의 굉장한 추억이다. 정말로 아름답고 멋진 미국의 고속도로를 내가 운전하면서 신나게 가고 있다는 그 사실이, 아빠가 다시 올 수 있기를 눈이 빠지게 기다리고 있을 아이들을 생각하노라니 운전의 피곤함을 느끼지도 않았다. 마냥 즐겁고 기뻤다.

감사하게도 무사히 아이들을 데리고 돌아왔다. 미리 마련한 우리의 아파트에 아이들의 여장을 풀고 본격적인 미국 생활에 들어갔다. 아이들을 초등학교와 중학교로 전학시켰다. 아내가 없지만 우리 가족의 단란하고 행복한 이민 생활이 시작되었다. 아내가 없는 몫까지 내가 감수해야 하는 무거운 책임감을 느끼면서 하루하루를 기쁨 가운데 보내고 있었다.

두 아이의 등하교와 앞으로 생활 편의를 위해 중고차 한 대를 구입했다. 매일 신바람을 일으키며 아이들과 함께 미국 생활이 주는 기쁨을 만끽하고 있었다. 하루하루를 나는 매우 바쁘게 살아가야만 했다. 새벽에 일어나서 아이들의 등교를 위해 아침 식사 준비와 여러 가지 준비물을 챙겨서 등교시켜야 했다. 그 후에 집 안 청소와 빨래, 여러 가지 아이들이 좋아하는 반찬을 만들어 놓고 학교로 아이들을 데리러 갔다. 아이들의 숙제를 도와주면서 저녁 식사를 준비해야 하는 눈코 뜰 새 없는 매우 바쁜 시간을 보냈다.

나는 이 생활에 만족했는데 아이들과 함께 있다는 사실이 정말로 감사와 기쁨, 행복이었다. 나는 배추김치와 총각김치 그리고 각종 밑반찬을 만들었다. 아이들이 정말로 맛있게 먹었다. 아이들이 이구동성으로 나에게 말했다. "아빠의 음식 솜씨가 매우 좋다."고 최고라고. 미국에서의 안정적인 생활을 하면서 우리의 멋진 미래를 꿈꾸었다. '가족이 함께 살아가는 행복이 이렇게 좋은 것이구나.' 감사하는 가운데에서도 한국에 홀로 있는 아내가 걱정되곤 했다.

식당은 제법 잘되고 있다고 했다. 그런데 아내는 홀로 모든 일을 감당하려니 매우 힘들다고 했다.

우리는 새로운 고민에 빠졌다. 과감하게 새로운 결정을 내렸다.

아내의 미국 합류와 나의 신앙

'말 타면 종 부리고 싶다.'라는 속담이 있다.

나는 아내와 아이들과 함께 미국에서 생활하고 싶다는 희망을 하게 되었고, 아이들과 함께 많은 의논을 하였다. 아이들은 무조건으로 엄마의 미국 생활 합류에 이미 찬성하고 벌써 모든 게 이루어진 것처럼 좋아했다.

그러나 이 일이 결코 쉬운 일이 아니었다. 아내의 합류에는 많은 문제가 도사리고 있었다. 아내에게 미안한 이야기지만 아내가 한국에서 식당을 운영해서 보내 주는 돈이 우리의 생활비가 되었기 때문이었다. 그 수입원이 없어진다면 지금처럼 여유 있는 미국 생활을 할 수 없었다. 아내와 시간을 두고 많이 고민하면서 모든 게 완전한 결론을 도출될 때까지 기다리기로 했다.

아이들과 함께 보내는 하루하루의 삶은 매우 행복하고 넘치는 기쁨 속에서 살아가고 있었으나 뭔지 모를 허전함이 우리 모두에게 있었다. 그건 아이들이 계속해서 엄마와의 합류를 소원하고 있었다. 무엇보다도 딸에게는 엄마의 손길이 아주 필요했다. 아빠가 딸에게 해줄 수 있는 한계가 있었다.

우리는 결정해야만 했다. 잘 되는 식당이 아까웠으나 월세로 놓았다. 아내가 무사히 우리와 합류한 후에 우리 가족은 더욱더 신나는 이민 생활을 즐겼다. 우리 가족은 옛날처럼 행복한 시간을 누리고 있었다. 그런 삶의 시간 속에서 한가지 변화된 모습이 있다. 잠시 지나간 시간으로 되돌아간다.

하루는 아들이 간절히 요청했다. 새벽 기도하는 교회에 가고 싶다는 자신의 마음을 솔직하게 털어놓았다. 그러나 나는 교회에 출석해 본 적이 없기도 하지만, 새벽기도를 하는 한인 교회를 찾을 수 없었다. 그리고 또 한 가지의 걱정은 새벽기도를 하고 학교에 출석하려는 아들의 마음이 매우 염려가 되었다. 그래서 몇 번 만류했으나 아들은 막무가내로 새벽기도를 가고 싶다는 마음을 돌이키지 않았다.

나는 어쩔 수 없이 그곳에서 제일 큰 한인 교회를 찾아갔다. 매우 연로하신 담임 목사님과 면담했다. 아들의 이야기를 자초지종 말씀드리고 어떻게 해야 할 것인가를 여쭈어보았다. 그런데 교회가 새벽기도를 하지 않는다는 답변과 함께 나와 비슷한 연령의 한 성도를 소개받았다. 그 성도와 많은 해결책을 상의했지만, 아들을 만족하게 할 수는 없었다. 많은 고민과 상의 끝에 그 성도와 함께 한가지 결정을 했다. 새벽 기도 시간에 아들과 내가 함께 교회에 나와서 성경을 읽고 기도하는 시간을 갖자는 결정이었다.

불교 신자인 내가 새벽마다 교회에 나와서 성경을 함께 읽고 또 하나님께 기도해야 하는 나 자신이 웃기지도 않는 일을 시작했다.

우리 부자의 사연을 알게 된 몇 분의 교회 성도가 새벽의 시간에 우리와 함께하는 도움의 시간을 가졌다. 우리는 성경을 읽고 자기 생각을 격의 없이 토론하는 시간과 개인 기도하는 시간을 리더의 진행 속에서 감사한 마음으로 보낼 수 있었다.

나는 처음으로 새벽에 교회에 나갔지만 성경도 처음으로 읽게 되었다. 그리고 성경에 대해서 나의 의견을 발표하는 웃기지 않는 내 모습을 보게 되었다. 나는 매우 당황했고 처음으로 읽는 성경을 이야기하는 나 자신이 매우 어색했었다. 그러나 아들을 위한 일이니 쉽게 포기하지 않고 이 기도회 모임에 아들과 함께 참석했다. 그렇게 아들과 함께 새벽기도를 마치고 집에 돌아와서 아들딸을 아침 식사 후 등교시키자면 매우 바쁘기만 했다.

어느 날 아침이었다. 허겁지겁 아이들의 밥상을 차려 놓고 식사하기를 기다리는데 아이들이 식사 기도를 매우 길게 하면서 기도가 끝나지 않는 것이었다. 내 생각으로는 한참 만에 아이들이 식사 기도를 끝냈다고 생각하면서 아이들에게 질문했다.

"무슨 식사 기도를 그렇게 오랫동안 하니?"

내 질문에 아들과 딸이 기다렸다는 듯이 합창으로 나에게 대답했다.

"아빠, 하나님 믿게 해달라고 하나님께 기도했어요!"

나는 어이없어하면서 아이들에게 핀잔 아닌 핀잔을 했다.

"밥이나 빨리 먹고 학교에 가자! 알았니?"

그런데 그 이후 이상한 일이 나에게 생겼다. 아침에 아이들이 나에게 한 그 말이 온종일 내 머릿속을 떠나지 않았다. 억지로 떨쳐내려고 했지만 계속 머릿속에 맴돌았다. 이런 현상이 며칠간 계속되었고 나를 매우 힘들게 했다. 그래서 나는 단호하게 엄청난 결정을 해버렸다.

"이왕 이렇게 되었으니, 하나님을 알아보자."

나는 아이들을 학교에 보내놓고 난 후에 성경을 본격적으로 읽기 시작했다. 창세기부터 시작하여 요한계시록까지 밤을 새워가면서 읽고 또 읽었다. 성경의 의미를 모르는 것은 교회 도서관에 있는 성경 주석과 신앙 서적을 통해 이해를 도우면서 성경을 통독하기 시작했다.

정식으로 교회에 등록하고 예배에도 참석했다. 나 자신의 이런 모습을 스스로 보면서 나는 모르는 사이에 변화되어 가는 이상한 내 모습에 깜짝 놀라며 두려운 마음이 들기도 했다. 출석하는 교회도 변화가 생기기 시작했다. 임시로 계셨던 목사님이 우여곡절 속에 가시고 새로운 젊은 목사님이 교회에 오셨다. 교회에 정식적인 새벽기도가 시작되고 교회의 분위기가 확 바뀌었다.

나는 하나님을 개인적으로 알아가던 방식에서 목사님과 함께 교회 성경 공부를 시작하면서 더욱더 하나님에 대한 욕망과 엄청난 갈급함을 느끼며 마음속 깊이 하나님을 채워갔다. 하나님에 대한 첫사랑을 시작한 것이었다. 나의 삶에 첫 번째의 우선순위가 하나님이 되었다. 아무리 중요한 일도 하나님을 무시한 결정을 할 수 없었다.

아내가 돌변한 나의 모습에 엄청 많은 염려와 걱정을 했다. 그렇지만 나는 굽히지 않고 오직 하나님을 알아가는 일과 교회에 헌신하는 봉사에 올인했다. 시간을 얻는 대로 교회에 달려가서 봉사에 참여했다. 교회의 열쇠를 얻어서 새벽같이 교회에 나가서 개인 기도에 열정을 올렸다.

6개월쯤 되는 어느 날 새벽기도 시간에 나는 하나님을 만나는 엄청난 시간을 맞았다. 나의 전 생애가 영화 필름처럼 내 눈앞에 돌아갔다. 전 생애를 걸쳐 지었던 죄가 멈추지 않고 쉼 없이 연속 상영을 했다. 새롭게 그리고 새롭게 펼쳐지는 나의 죄에 대해 끊임없이 하나님께 회개에 회개를 거듭하면서 통곡하는 애통의 눈물을 흘렸다. 나는 죄에 대해 회개하는 나 자신을 멈출 수 없었다. 죄에 대해 고백하는 창피함도 없었다. 애통 속에서 회개하는 내 고백을 누가 들을까? 하는 염려도 없었다. 차디찬 마룻바닥에 엎드려서 4시간이 넘는 회개의 시간을 가졌다.

초주검이 되어서 바닥에 엎드려서 있는데 나를 염려했던 장로님, 집사님들이 내가 있는 본당에 들어왔다. 그분들도 그때까지 집에 가지 못하고 나를 기다리고 있었다. 그리고 그분들이 나를 믿음으로 위로하고 격려했다. 모든 게 하나님의 크신 사랑의 은혜였다.

"하나님이 세상을 이처럼 사랑하사 독생자를 주셨으니 이는 그를 믿는 자마다 멸망하지 않고 영생을 얻게 하려 하심이라."(요3 : 16)
"네가 이 일을 행하여도 내가 잠잠하였더니 네가 나를 너와 같은 줄로 생각하였도다. 그러나 내가 너를 책망하여 네 죄를 네 눈앞에 낱낱이 드러내리라 하시는도다." (시50 : 21).

고난 중에 찾아오신 하나님

가족의 삶이 평탄하고 평온한 듯한 안정 속에 있다고 믿고 싶은 시간 속에 있었다. 그렇지만 우리 가족의 평화로운 이민의 삶을 멋대로 깨고 있었다.

우리가 미처 생각하지 못하고 있었던 일, 아쉬움들이 문제가 되어 우리를 어렵게 하고 있었다. 또 먼저 정착한 이민 선배들의 시기와 질투도 있었는데 '일도 안 하고 편히 살고 있네.' '왕년에 누구는 금송아지 없었나.' 등등 우리 가족의 마음을 흔들어대고 뒤집어

놓고는 했다.

그렇다고 이민자의 엄중한 삶 속에서 맥 놓고 마냥 힘겨워하면서 주저앉아 있을 수 없었다.

누구 인가에 온 마음으로 의지할 수밖에 없었다. 바로 나를 만나 주시고 내 삶의 진짜 주인이 되시기를 원하고 계시는 하나님이셨다. 그 하나님만을 청종하면서 무조건 순종의 삶을 살아내고 싶다는 뜨거운 욕망은 꺾여진 내 무릎을 다시 세우며 나를 새롭게 일어나게 하셨다. 무시로 기도하고 싶은 강렬한 마음에 사로잡히고 있었다. 교회에 성도들이 없는 시간을 틈내서 주로 깊은 밤에 교회를 홀로 갔다. 깜깜하고 차디찬 교회의 마룻바닥에 무릎을 꿇기 시작했다. 누구의 숨소리도 들리지 않는 오직 나 혼자와 하나님과 아름다운 대면의 시작이었다. 처음에는 쉬운 적응을 할 수 없었지만 순간순간이 모여서 큰 기쁨을 만들어 가고 있었다.

어느 날이었다. "하나님!"하고 목청껏 외치면서 하나님을 찾고 또 찾기 시작했다. 왜인지 모르겠지만 하나님을 애타는 심령으로 부르면 부를수록 내 삶의 어려움을 토로하면서 기도하기보다는 끊임없는 눈물이 쏟아져서 주체할 수 없었다. 그냥 매일 같이 울보가 되어서 '오직 하나님, 하나님' 하면서 울기 시작했다가 울면서 집으로 돌아왔다. 그러나 내 마음은 엄청난 평안을 누리고 있었음을 고백하고 싶다. 하나님께서는 지쳐가고 힘들어진 내 마음을 만져 주시고는 했다. 또한 이민의 시작으로 돌출되었던 많은 불합리한 사항들을 하나님의 관점에서 새롭게 보게 하시고 새로운 길을 열게 하셨다. 교회 생활에 매우 적극적으로 헌신하고 신앙생활을 통해서 모든 일들을 해결해 나갈 수 있도록 하셨다. 나 자신이 하나님의 이름을 더욱더 경외할 수 있도록 믿음을 허락하시는 인도하심으로 교회 공동체에서 가장 작고 연약한 자이었으나 예수 그리스도의 십자가만을 바라보며 헌신하는 사람으로 거듭나게 하셨다.

아이들과의 이민 생활 속에서 수많은 어려움이 다가왔다. 그중 첫 번째 큰 어려움은 미국 체류에 대한 문제였다. 연방 이민국에서 체류 신분을 연장해 주곤 했는데 더 이상의 신분 연장은 할 수 없다는 통보를 받았다. 눈앞이 깜깜해졌다. 아이들을 다시 데리고 귀국하기에는 너무 많은 시간을 이곳에서 보냈다. 아이들을 바보로 만들게 되는 건 아닌가? 하는 마음이 매우 힘들게 했다. 어떻게 해서든지 이민의 시간을 계속 이어갈 수 있는 길을 모색하기에 매우 분주한 시간을 가졌다. 매 순간순간 하나님께 애통함의 눈물 속에서 드리는 간절한 기도와 함께 나는 크나큰 결단을 하게 되었다.

내가 대학에 입학하는 게 대안이었다. 가족 모두가 체류 신분을 연장하기 위해서 할 수 있는 유일한 길이었다. 시간이 없었다. 매우 두렵고 감당할 수 없다고 생각했다. 마흔두 살에 다시 영어로 대학 공부를 시작한다는 일이 쉬운 일이 아니었다. 그렇다고 마냥 시간을 보내고 있을 수는 더욱 아니었다. 하나님께 울며불며 매달리면서 대학 입학을 위한 절차에 들어갔다.

결코 쉽지 않았다. 어느 것 하나도 내게 쉬운 일은 없었다. 시험을 보던 날이었다. 정말로 최선을 다해서 입학시험을 치렀다. 더 이상 물러날 수 있는 틈이 없었기 때문이었다. 시험을 치르고 난 후에, 나는 초주검이 되어서 집에 왔다. 그동안 시험 준비 때문에 쌓였던 불안감과 두려움, 피로감이 한꺼번에 몰려왔다. 인생은 쉽지 않은 것이다. 무엇 하나도 쉽게 할 수 있는 일은 없다. **뼈를 깎는 아픔과 연단 속에서 이룰 수 있는 일이었다.**

바로 이 일이, 하나님께서 내게 허락해 주신 사랑의 선물이었다. 이곳의 언어를 배우고 익힐 기회를 주심이라고 믿으며, 하나님께 감사와 찬송의 입술이 되었다. 드디어 입학 허가를 받았다. 이제는 체류에 대한 걱정은 사라지고 어떻게 공부에 전념할 수 있을까 하는 생각에 온 마음이 쏟아졌다. 죽기 살기로 공부에 전념할 것을 결단하고 결단했다. 그래야 자식 같은 젊은 학생에게 뒤지지 않고, 그들에게 망신당하지 않을 테니까!

하나님과 가까이

늦깎이 대학생이 되다

학교가 개강하여 수업에 참석했다. 또 두 아이를 등하교시키는 일도 병행했다. 시간을 조율하면서 함께 할 수 있도록 서로가 양보하면서 모든 게 순조롭게 돌아가고 있었다.

그래도 내 학교생활은 쉽지 않았다. 가족을 돌보면서 하는 대학 공부는 쉽지 않았다. 과목마다 교수가 내는 과제가 엄청난 부담이었다. 또한 수시로 치르는 테스트도 만만치 않은 버거운 도전이었다. 그렇지만 이겨내야만 했다. 밤을 꼬박 새워가면서 숙제하고, 시험공부를 준비했다. 학창 시절에 지금처럼 공부에 전념하고 열심히 했었다면 아마도 장학금을 타며 대학 공부까지 마칠 수 있었지 않았을까? 아니, 어떠한 전공이라도 박사가 되어서 사회생활에서 보란 듯이 활동했으리라.

교회, 가정, 대학 생활 등 모든 역할에 충실할 수 있는 유일한 것은, 잠을 줄이는 방법밖에 없었다. 나는 안락한 침대에서 잠을 포기했다. 시간 날 때마다 잠잘 수 있는 완벽한 장소는 내 자동차에서였다. 아이들을 기다리는 잠깐의 틈이 생기면 핸들을 붙들고 잠을 청하고는 했다. 그래도 그때는 젊음이 바탕이 되었기에 많은 보탬이 되었다. 나뿐만 아니라 우리 가족은 모두 열심히 최선을 다해 하루하루를 살아내고 있었다. 그런 가운데에서도 우리는 이민 생활의 즐거움을 찾고 나누기 위해 애썼다. 현재는 어렵고 약간 벅찬 삶이라도 행복한 미래를 생각하면서 지금의 고생은 기쁨으로 받아들일 수 있었다. 가족 모두 감사하게도 잘 견뎌내고 있었다.

엄청난 일이 터졌다. 대한민국이 IMF에 빠졌다는 소식이 들려왔다. 솔직히 처음엔 그 일이 무슨 의미인지 깊이 생각하지 않았을 뿐더러 대수롭지 않게 여겼다. 그런데 시간이 흐르면서 한국의 IMF 여파로 우리도 직격탄을 맞았다. 한국에서 보내오는 돈으로 아이들의 학비와 생활을 했는데 원화 가치가 폭락했다. 송금되어 오는 돈은 이곳에서 아파트 렌트 값도 되지 않았다. 가족 모두가 하루하루의 일상을 위해서 마음을 졸이면서 살 수밖에 없었다. 드디어 아들이 조심스레 이야기를 꺼냈다.

"아빠, 엄마가 힘들어하는 모습을 더는 볼 수가 없어요. 가족 모두 한국으로 돌아가요."

아들의 말에 아내와 나는 침묵하고 있었다. 왜냐하면 무슨 해결책을 내놓을 수 없었기 때문이다. 우리 부부의 침묵을 깨고 딸이 말했다.

"나는 절대로 한국에 돌아가지 않겠어. 이곳에서 다른 가정에 양녀가 되어서라도 끝까지 공부할 거야."

딸의 말에 우리는 결단을 내려야 했다.

"지금 다소 힘이 들지만 끝까지 이겨내 보자. 하나님께 우리 가족이 당면한 큰 문제의 출구를 허락해 달라고 간절히 기도하자. 하나님께서는 반드시 우리들의 문제를 해결해 주실 것이다! 굳센 믿음을 갖자."

나는 아들과 딸에게 이야기하며 용기를 북돋아 주었다. 하나님을 부르면서 하나님께 드리는 나의 기도는 기도가 아니라 매일매일 애통의 울음바다였다. 기도의 자리에 앉았다 하면 펑펑 울기가 예사였다. 하나님의 이름만 부르면 자동으로 애통해하는 심령이 되었다. 내 기도 제목은 오직 하나였다.

"하나님, 이곳에서 우리 가족의 길을 열어 주세요!"

나는 이 짧은 문장의 기도를 눈물 없이 끝내지 못했다. 더욱더 애타게 부르짖는 나의 기도에 드디어 하나님이 응답하셨다. 세밀한 음성에도 응답하시는 하나님을 또다시 한번 체험하는 순간이었다. 방과 후에 대학교를 청소하는 일이 학교 게시판에 공고가 되었다. 나는 즉시 찾아가서 신청서를 냈다. 그리고 정식으로 대학교에서 일할 수 있는 허가가 떨어졌다. 하나님께서는 내 삶의 모든 것을 미리 아시고 대학교에 입학하게 하시고 한국의 IMF에 대처하게 하신 것이라 믿는다.

저녁 8시부터 새벽 1시까지 일할 기회가 주어졌다. 학생 비자이었기에 대학교 밖 일반 사회에서는 일할 수 없었지만, 대학교에서는 얼마든지 일할 수가 있었다. 법적으로 아무런 문제가 없었다. 정말로 열심히 공부하고 일했다. 한순간도 불필요하게 사용할 수 없었다. 잠이 매우 부족했지만, 그것은 크게 문제가 되지 않았다. 꼭 해내고야 말겠다는 굳은 내 의지가 하나님과 함께 모든 일들을 해결할 수 있었다.

가족 모두가 자신의 일에 최선에 최선을 다하고 있었다. 힘겹지만 그래도 잘 버티며 잘 지내고 있었다. 드디어 한국에서 IMF가 회복되고 모든 게 또다시 원 상태로 회복이 되었다.

"힘겹고 버거웠던 순간을 잘 지냈다!"라면서 한숨을 돌리고 있을 때였다.

이른 아침이었다. 내가 안방에서 의식을 잃고 쓰러졌다. 얼마의 시간이 흘러갔는지 모르겠지만 나는 희미한 물소리를 들으면서 의식을 회복하고 있었다. 내 스스로 깜짝 놀라서 쓰러져 있었던 자리에서 고함을 치며 아내를 부르기 시작했다. 아내가 달려서 들어오고 나는 의대 부속 병원에 응급으로 가서 종합검진을 받았다. 아무런 원인을 찾을 수 없었다. 그때 나는 의식을 잃고 쓰러지는 충격으로 왼쪽 귀의 청력을 잃었다. 청력을 다시금 회복할 수 없었지만, 의식을 잃고 쓰러졌는데도 또다시 살아났다는 기쁨 가운데, 나는 하나님께 감사의 기도를 드렸다.

"그는 자기 생명의 날을 깊이 생각하지 아니하리니 이는 하나님이 그의 마음에 기뻐하는 것으로 응답하심이니라."(전도서 5:20)

미국에서 시작한 비즈니스

세상의 시간은 매일 그렇듯이 아무 일도 없었던 것처럼 흘러갔다. 가족 모두가 주어진 삶의 시간에 순종하며 기쁨과 즐거움의 시간을 만끽하고 있었다. 세상 사람의 시새움을 받으며 살아가지만, 하나님께서 함께하심은 늘 변함없는 영원하신 인자하심이다.

그런데 뉴욕의 쌍둥이 빌딩이 이슬람 과격 테러단체인 알카에다의 공격으로 무참히 무너져 내려앉았다. 이 테러로 수없는 많은 생명이 희생되는 참으로 안타까운 일이 벌어졌다. 인간의 악하고 악한 죄성이 하나님으로부터 창조를 입은 생명을 경시하는 악함이다. 왜, 남의 생명을 무참히 빼앗는가? 미국은 온통 분노와 복수의 함성으로 큰 외침이 불같이 일어났다. 전쟁하자는 국민 분노의 단결된 목소리를 보며 무서움을 느꼈다. 개인주의 최고봉이라고 생각하고 있었던 미국의 국민이 하나가 되었다.

이방인으로 미국 땅에 거주하는 이민자인 나는 두려움을 느꼈다. 그러한 혼란의 시간 속에서도 하나님은 나와 우리 가족의 삶에 함께하시는 은혜를 주신다. 새로운 길을 걷게 하셨다. 전혀 예상할 수 없었던 길이다.

비즈니스를 시작하였다. 미국 회사의 적극적인 도움 속에서 생산 하청 업체가 되는 사업이다. 전혀 모험이 없는 안전한 사업이다. 곧 결심 속에 그래도 많은 준비 과정을 거쳐서 드디어 사업의 문을 열었다. 시기하는 사람도 있었지만 축하해 주는 협력자와 함께 사업을 시작했다.

매우 분주한 나날을 보내고 있었다. 순조롭게 순항하는 배처럼 대해를 향해 온 힘을 다해 힘차게 항해했다. 미국 모기업이 점점 더 사세를 확장해 나갔다. 우리가 생산한 제품이 월마트 본사를 비롯한 많은 대형 마켓 본사에 납품하는 길이 열려서 매우 분주한 하루하루를 보내고 있었다. 두 아이도 학교생활에 열심히 하며 자신들의 미래를 꿈꾸면서 감사와 기쁨으로 채워 나갔다.

사업으로 분주한 현실 속에서도 나는 신앙생활의 고삐만은 늦추지 않았다. 교회의 모든 봉사와 교회 직분의 감당을 게을리하지 않았다. 아내와 아이들도 교회에 매우 적극적으로 열심히 자기 자리에서 헌신했다. 우리의 삶에 부족함이 없는 시간을 보내고 있었다. 이 모든 일이 하나님의 은혜가 아니라고 누가 말할 수 있는가?

사업은 더욱더 확장되어 유럽으로까지 진출하여 수출의 길이 열렸다. 사세 확장으로 타주로 이전하려는 계획을 세우고 드디어 애리조나주로 이전했다.

신앙생활을 시작했던 교회를 떠나야 하는 일로 심하게 고심과 갈등했으나 이 일 또한 하나님의 어떤 계획이라 여기며 선택해야만 했다. 그리고 애리조나로 기계 이전과 새로운 설비의 모든 과정을 마쳤다. 본격적인 생산에 들어가기 위한 모든 준비가 끝나고 잠깐의 숨을 고르고 있었다.

그런데 세상은 만만하지 않았다. '서브프라임 모기지 사태'가 터졌다. 이 또한 생전 처음 들어 보는 대혼란이었다. 전 미국이 부동산 폭락과 함께 금융위기에 빠진 것이었다.

거의 모든 미국의 경제가 마비되었다. 눈앞의 어떤 가능성을 찾을 수 없었다. '금방 회복될 거야' 하는 막연한 기대감은 어리석은 생각이었다. 기쁘게 힘찬 이전을 하고 첫 생산품을 만들지도 못한 상태에서 공장은 멈췄다. 반년도 못되어 우리에게 생산 하청주는 모기업이 다른 회사에 매각되었다.

'이대로 사업을 이제 포기를 해야 하는가?'라는 엄청난 고민 속에 빠졌다. 운영 자금은 점점 바닥을 보이고 은행에서의 융자도 더 이상 되지 않고 모든 카드는 깡통 카드가 되기 일보 직전이고, 집도 은행에 빼앗기고, 방이 하나인 아파트에 월세로 들어가고 매우 심각한 사태로까지 몰렸다. 그렇지만 쉽게 포기할 수 없었다. 미국 땅에 이민자의 길을 걷는 사람으로서 주저앉아 있을 수 없었다.

'어떻게 일구어낸 비즈니스인데 쉽게 포기할 수 있는가.'

나는 일일 노동자로 일하면서 참고 또 참아냈다. 멈추었던 공장이 일 년이 된 시점부터 소량이지만 생산이 재개되었다. 이것이 인생이다. 이런 고난의 시간을 통해 하나님은 자기 백성이 하나님께 돌아올 수 있도록 기회를 주신다. 내 모든 삶은 하나님의 손안에 있음을 절감하는 시기였다.

흩어지는 기쁨

우리 가족이 한마음 한뜻으로 하나가 되어 이민의 삶을 열심히 살아왔다.

이제 아이들 장래의 길을 위해 가족이 헤어지는 시간에 서 있었다. 아쉬움과 안타까운 마음이 컸지만 서로 헤어지는 연습이 필요한 시기가 되었다.

아들이 대학을 졸업하고 샌프란시스코 금문교 근처에 있는 미국 남침례 교단 소속인 '골든게이트 신학대학원'에 목회학 석사과정에 입학했다. 어릴 때부터 소망하던 그의 꿈을 이루어 나가려는 것이었다. 목회자에 대한 자신의 비전을 현실 속에서 실제로 접목하고 싶은 게 아들의 꿈이다. 또 딸도 대학을 졸업하고 캘리포니아 남부에 있는 USC 대학원에서 약학 석박사 과정에 입학했다. 딸 또한 자신의 어릴 때 꿈을 이루어 가고 있다. 신약을 개발하고 싶다는 게 딸의 꿈이다.

오직 아들과 딸 바라기인 우리 부부인데 자식들이 훌쩍 떠나고 나니 외톨이처럼 남겨졌다. 그래도 마음은 흐뭇하고 행복했다. 우리도 기쁨과 즐거움 속에서 넘어가야 하는 우리만의 아름다운 길이 있지 않은가. 그 길은 주 예수 그리스도와 함께하는 길이다.

우리 부부는 새롭게 시작하는 초심을 갖고 우리의 비즈니스에 열심히 임했다. 애리조나주라는 지역의 특수성에 적응하면서 정말로 열심히 살았다. 우리 부부는 한눈을 팔지 않고 오직 하나님만을 섬기면서 비즈니스에 모든 정열을 쏟았다.

남매가 결혼하고 완전한 분가를 하여 그들만의 인생을 개척할 수 있는 길로 인도했다. 이 모든 일이 부모의 책임이 아닌가. 다행으로 여기는 건 미국 땅에서 남매의 배우자가 한국인이라는 점이다. 며느리는 한국 유학생이고 사위는 미국에서 출생한 한국인 2세이다. 이들을 맞아들이면서 나의 아버지를 기억했다. 그리고 아버지께 감사와 또 한국인 며느리와 사위를 얻은 것에 관해서 아버지께 자랑했다. "나 잘했죠!"라고.

인생은 이렇게 돌고 돌아가는 것. 새것이 이 땅에 없는 것처럼.

아들은 학교를 졸업하고 목회자가 되어 미국인을 대상으로 개척교회에서 영혼 구원을 위해 분주하다. 딸은 박사학위를 받고 캘리포니아 주정부에서 운영하는 병원에서 디렉터로 일하고 있다.

세월은 유수와 같다고 했는데 우리 부부는 할아버지 할머니가 되었다. 남매를 통해 손주와 손녀를 보았다. 아들이 2명의 아들과 2명의 딸을 낳았다. 딸은 2명의 아들을 낳았다. 얼마나 행복한지 모르고 지냈다. 사업도 원래의 상태를 회복해 가고 세상 걱정 없는 시간을 주 안에서 기쁨으로 보내고 있었다. 이제 여유를 느낄 순간이 왔다고 현재의 모든 일에 감사하고 있었다.

　그러나 세상은 역시 쉽지 않은 법, 세상은 새로운 인생 고난을 덤이라고 또다시 내 삶 속에 고난으로 참견했다.

　세상은 나를 육신의 환란 속으로 속수무책으로 빠뜨렸다. 내가 홀로 감당하기 어려운 고난이다. 조금만 더 평탄한 길이 있기를 기도하면서 은퇴의 시간을 멀찌감치 잡았는데 감당할 수 없는 시간에 머물렀다.

　그 당시에 기록했던 일기를 발췌해 보고자 한다. 그 당시 일기를 읽는 마음으로 지금도 내 영혼의 혼돈을 느낀다.

응급 09/26/2018

　그동안 어떠한 시간이 내 삶 속에서 흘러갔는지, 앞뒤를 분간할 수 없는 시간이다. 바보스럽게 참아왔던 통증이 더 이상 감당할 수 없는 막다른 길에 놓였다. 해도 수줍은 듯 떠오르지 않은 새벽에 더 이상 인내할 수 없는 통증으로 온 방을 뒹굴면서 고통의 비명을 하나님께 부르짖었다. 오직, 외마디의 외침이다.

　"하나님 살려주세요!"

겁에 질린 아내가 911에 연락하고, 소방차와 앰뷸런스가 왔다. 난 곧바로 응급실로 실려 갔다. 응급 중환자실에서 많은 테스트와 검사를 받고 내 통증의 윤곽을 잡아가기 시작했다. 결론은 대장암이다. 암 덩어리 지름이 6센티미터라고 한다. 또한 심각한 의사의 표현으로 암보다도 더 위험한 통증의 요인이 있다고 한다. 대장의 전 부위가 염증(크론병)에 덮여서 매우 위험한 상태라고 진단한다. 또 다른 검사를 하겠지만 대장을 몸속에서 모두 제거해야 할 것 같다는 소견을 아무렇지도 않게 나에게 이야기했다.

그 순간 나는 앞을 볼 수 없었다, 세상의 모두가 하얗다. '대장암'이라는 믿기지 않는 현실에도 어찌할 바를 모르고 있던 내 마음은 천리만리 절벽으로 스스로 무너져 내려앉았다. 모든 것을 포기하고 그 순간을 떨쳐 버리고 싶었다. 나 자신을 어떻게 해야 할지를 모르고 있는데 급기야는 폐와 십이지장에 암이 전이된 것 같다는 청천벽력 같은 의사의 소견을 또다시 들어야 했다.

태연해지려고 나 홀로 애썼지만, 마음속에 꽉 차오르는 암담함과 참담함은 이루 표현할 길이 없었다. 오직 한가지 생각이 머리를 가득 채운다.

'이제 죽는구나!'

나는 오직 한 분을 만나고 싶은 갈급함에 온 마음과 몸이 불안하고 두려워서 사시나무처럼 떨었다. 그런데 그분은 이미 나를 만나

주고 계셨다. 육신의 불안과 두려움에 꽉 채워졌던 내 마음이 하나님 안에서 담대해지기 시작했다. 나와 가족의 미래에 관한 걱정, 염려, 미련, 훗날에 대한 불투명한 마음이 모두 모두 사라졌다. 오직 주님과의 만남을 기쁨으로 느끼고 위대하신 주님의 이름을 찬양하는 내 모습을 본다. 그리고 난 마음속에 가득 차오르는 평안을 누린다. 하나님께서 주시는 평안과 감사한 마음 가운데 주님의 거룩한 이름을 기쁨으로 부를 수 있었다.

"내가 여호와를 항상 내 앞에 모심이여 그가 나의 오른쪽에 계시므로 내가 흔들리지 아니하리로다. 이러므로 나의 마음이 기쁘고 나의 영도 즐거워하며 내 육체도 안전히 살리니 이는 주께서 내 영혼을 스올에 버리지 아니하시며 주의 거룩한 자를 멸망시키지 않으실 것임이니이다. 주께서 생명의 길을 내게 보이시리니 주의 앞에는 충만한 기쁨이 있고 주의 오른쪽에는 영원한 즐거움이 있나이다." (시 16 : 8~11)

"다윗의 이 고백이 나의 고백이오니, 하나님 나를 책임져 주십시오!"라면서 수없이 수없이 눈물의 고백을 멈추지 못한다.

높은 성 요새처럼

세상을 새롭게 만들기라도 할 것 같은 창밖의 어두움은 아직도 밖의 시간을 깊은 어두움 속에 차곡차곡 묻어 버렸다. 무겁게 짓누르는 내 육신의 두려움과 생명 없는 깊은 절망 속에 있다. 그러나 또다시 생명의 춤을 춰야 하는 내 슬픈 춤사위를 위해 축 처진 몸을 일으킨다.

몸은 이미 만신창이가 되어 있다. 그래도 육신의 생명 되어 살고 싶은 욕망은 굵은 동아줄이 되어 나를 묶는다. 내 마음의 아픈 언덕 언저리 슬픈 어두움을 몰아내기 위해 나름 분주하게 뛰논다.

해일을 동반한 폭풍우처럼 거센 바람 속 흑암 같은 내 오장육부의 대장암 수술을 집도했던 수술 의사가 그렇게도 쉽게 나를 포기하고 훌쩍 곁을 떠날지 몰랐다.

그렇지만 난 내 생명을 스스로 포기하지 않았다. 아니 절대 포기할 수 없었다. 그래서 나는 일차 수술 때 전혀 제거하지 못했던 암을 오늘 또다시 제거해야 한다. 무엇이 좋아서 끊임없이 계속 무너지는 이미 상한 마음과 몸을 쉼 없이 일으키기를 멈추지 못하고 계속 반복하고 있다. 반년이나 해오고 있는 항암 치료의 뼈를 깎는 듯한 고통이 육신의 큰 파도를 만든다. 그리고 몸의 구석구석에 뚜렷하게 암기라도 하듯이 지금 폭풍 같은 고통의 기억을 되살리는 연습을 열심히 하는 중이다.

그 덕택으로 병든 몸은 많이 고통스럽고 견뎌내기에 너무 벅차다. 난 새벽을 떨쳐내듯이 숨 가쁘게 샤워한다. 그러면서 연신 중얼거린다.

"가족과 함께 이 땅에서 조금 더 살고 싶어요. 이 땅에서 조금 더. 하나님!"

며칠이 될지 모르는 병원 생활을 위해 아내와 함께 여러 가지 필요한 물품을 준비한다. 비록 사시나무처럼 떨리는 바싹 마른 손이지만 내 나름은 재빠르게 움직인다. 그리고 수술을 위해 새벽 5시 45분까지 체크인해 달라고 요청했던 수술팀의 안내를 머리 가득히 떠 올린다. 늦을까 싶은 조바심에 분주하게 수선을 떨고 황급히 집을 떠나려는 순간이다. 그런데 나는 망부석이라도 된 것처럼 영혼 없는 모습이 된다.

그 자리에 우뚝 섰다. 또다시 퇴원하여 올 수 없는 내 집인 양 집 안 구석구석을 하나라도 놓치고 싶지 않을 듯이 왜 물끄러미 쳐다보고 쳐다보는지…. 엄마 잃고 슬픈 눈이 된 사슴처럼 힘없는 두 눈의 동공은 그냥 내 손을 힘없이 바라본다.

어떡하나! 내 가냘픈 손엔 무엇 하나 들려 있는 게 없다. 조금이라도 더 생명 되어 살고 싶다고 망설임 없이 몸부림치던 내 뼈저린 마음이었다. 그런데도 내 손에는 아무것도 나를 위해 내 손에 들고 나갈 것이 없다. 딱 하나를 들고 있다. 오직 빈손이다.

나는 손금을 보듯이 두 손바닥을 꿰뚫어 보고 또 본다. 그런데 내 손은 유난히 깨끗한 빈손뿐이다. 갓난아기가 엄마 앞에서 짝짜꿍하듯이 내 두 손을 아프게 맞부딪쳐 본다. 그러나 핏기 없이 멍들어 있는 가냘픈 빈손뿐이다. 흰머리에서부터 발끝까지 내가 아끼듯이 지닌 것은 어설프게 입고 있는 검은색 운동복 한 벌과 속옷 양말뿐이다. 연약한 몸이 아프게 만들고 있는 떨림 때문에 추워서 입은 오래된 스웨터이다.

깜짝 놀라서 순간적으로 눈을 껌벅껌벅 인다. 두 손으로 눈을 비비고 내 손바닥을 본다. 이것이 전부이다.

"이것이 전부라고, 아니야 무언가 있을 거야!"라고 비명을 지르듯 내 마음에 외쳐본다. 냉기로 꽉 찬 서운한 마음은 무엇인가를 찾아내고 두 손에 더 챙기고 싶다. 그러나 더 이상 챙길 것도 챙길 필요도 없는 지금이다.

지난밤이다. 겨우겨우 생명을 유지하듯이 음식을 먹었던 텅 빈 뱃속마저 완전히 비워내야 했다. 난 무려 여덟 차례의 비린 약물을 토할 것 같은 역겨움 속에서 억지로 먹고 또 먹는다. 그리고 뱃속을 청소하듯 완전히 배설로 비워냈다. 운전도 할 수 없는 까무러칠 지경이 되어 기진맥진한 상태다.

급하게 먼 길을 달려온 며느리에게 자동차 열쇠마저 건네준다.

난 힘없이 뒷좌석에 짐짝처럼 멍청히 털썩 주저앉아 버렸다. 전날 나는 수술 의사와 함께 수술에 대해 리허설을 갖고 여러 가지 의사의 설명을 들었다. 수술 도중에 죽지 않고 살아서 수술실을 나올 확률은 절반이라고 한다. 사느냐? 혹은 죽느냐? 를 또다시 경험하는 도깨비 같은 시간 속에 놓여 있다. 나는 나 자신을 위해서 내 손에 간직해야 할 것이 아무것도 없다. 내가 생명처럼 여기는 세상의 그 어느 것도 모두 세상에 반납해야 한다. 오직 세상을 향하여 깨끗한 손이 되어 내려놓아야 하는 슬프고 어처구니없는 지금의 내 현실이 되었다.

지금껏 나는 봄, 여름, 가을, 겨울을 숨 가쁘게 지나치며 세상의 긴 세월 시간을 보냈다. 또한 무엇을 내 소유처럼 작디작은 손에 꽉 붙잡기 위해 몸부림쳐 왔다. 이제야 바라보니 도대체 내가 나를 이해할 수 없는 몸부림의 긴 시간을 지나쳤다. 이제 억지로 소환해 보려는 놀부 심보 같은 내 어리석음마저도.

나는 지나온 내 헛된 길 위에 도로 내려놓는다. 내가 걸어 온 세상의 시간표는 바보를 닮은 괴짜 같은 시간의 순간을 원했다. 무엇보다도 세상을 향한 내 힘겨운 몸부림만이 나 자신을 위해서 진심 가운데 살아가는 삶의 멋진 승리의 모습이라고 나를 챙겼다. 그리고 얼마나 많이 아주 징글맞게도 나를 꼬드겨 왔었는지 모른다. 많은 매 순간을 나는 세상이 미혹하는 상큼한 유혹에 빠졌다. 근근

이 인생이라는 헛된 망상의 이름으로 살아왔다. 결코 그것은 나를 위해서 살아온 것이 아니다. 오직 엇나간 다른 방향을 향해 쉼 없이 살아왔던 엉뚱한 내 몸부림이었을 뿐이다. 그 비참한 착각된 결과의 안타까운 내 모습이 지금, 이 순간이다. 깊은 삼림 속 길 잃은 사슴처럼 구르는 차에 짐짝처럼 실려서 나는 병원을 향해 달려가고 있다.

쓸데없는 잡동사니 같은 생각들이 멈추는 차와 함께 마음에 멈춘다. 그리고 다행스럽게도 스스로 사라져 버린다.

병원에 도착했다. 수술을 위해 로비에서 나를 기다리고 있었던 수술 의사인 DR DAVID을 만났다. 그는 반갑게 웃음 띤 얼굴로 내 손을 꽉 잡는다. 내 속마음은 미쳐서 죽을 것 같은데 눈치 없이 웬 웃음? 순간적으로 속상한 마음이 내 수술할 창자마저 뒤틀리게 한다. 이게 나의 더러운 심보 아닌가. 나를 반갑게 맞으며 경직된 내 모습을 위로하는 수술할 의사의 웃음에 왜, 무엇 때문에 내가 트집을 잡고 속상해하는가. 아무튼 체크인을 마치자 곧바로 수술 의사와 함께 수술 준비실로 들어간다.

그런데 언제나 낯선 이 미국 땅에서 내가 누구라고 벌써 많은 사람이 나를 위해서 수술 준비로 분주하다. 그리고 모두가 나를 반갑게 맞이한다. 모두가 예쁜 웃음 띤 얼굴이다.

곧 이어질 수술에 대한 두려움이 한 마음 가득 넘쳐난다. 검은

비구름이 떼를 지어서 어두움을 만들며 몰려오듯이 어두운 두려움이 너무도 쉽게 내 마음을 송두리째 빼앗아 버린다. 많은 간호사가 내 곁에 모여든다. 그리고 본격적으로 수술 준비에 들어간다. 그나마 아내에게 투정 부리며 집에서 입고 왔던 모든 옷을 벗기라고 말한다. 종이로 만든 일회용 가운과 모자를 간호사가 웃음 띤 얼굴로 내게 내민다. 무심결에 받고 보니 모두가 약속이나 한 듯이 방을 일제히 나간다. 난 집에서 심통 부리며 입고 온 모두를 남김없이 벗는다. 간호사가 건네준 내 인생 훈장 같은 일회용 종이 가운과 모자로 바꿔 입었다.

  이것이 전부다. 빈손으로 왔다가 언제인가는 모르지만, 빈손으로 떠나가야 하는 내 인생의 현주소이다.

"우리가 세상에 아무것도 가지고 온 것이 없으매 또한 아무것도 가지고 가지 못하리니 우리가 먹을 것과 입을 것이 있은즉 족한 줄로 알 것이니라." (디모데전서 6:7~8)

  그동안 나는 무엇을 더 가지려 했는가. 깊은 삼림 속에 내팽개쳐진 인생이라는 이름으로 늘 함께하는 세상 유혹 속에서 살았다. 나는 얼마나 많이 소유하고 싶어서 몸부림을 쳤는가. 얼마나 많이 세상 고통의 마음을 내 것처럼 억세게 붙잡고 아파했는가. 한숨의 잠도 제대로 못 이루며 뒤척이는 홀로된 긴 밤을 보냈는가. 너무나도 어리석고 바보 같고 개그 같은 인생 시간을 허우적거렸다. 그 슬픈 인생 흉터를 이제 깨끗이 없애야 한다. 이제 나는 또 다른 시간의 두렵고 무서운 아픔을 오롯이 홀로 감내해야만 한다. 그 아픔의 이름은 생명과 죽음의 양쪽 쟁반 저울이다. 그 이름이 기우는 곳에 내가 오롯이 홀로 앙상히 세워질 뿐이다.

이제 수술실에 가야 하는 시간이다. 수술할 의사와 간호사에 둘러싸인다. 침대에 반듯하게 누워서 애써 태연한 척해 본다. 아니, 애써 웃음을 지어보려고 애쓴다. 그러나 마음대로 되지 않는다. 'DR DAVID'가 침묵을 깨면서 내게 말한다.

"자, 이제는 가족에게 '안녕'이라고 인사해야지. 또다시 가족의 얼굴을 볼 수 없을지도 모르니까."

나는 꾹꾹 참고 참았던 눈물이 소낙비 되어 쏟아지기 시작한다. 침대에 실려서 수술실로 향하는 내 외로운 생명 길이다. 아내와 며느리가 수술실 문 앞에까지 배웅한다.

"여보, 아버님, 수술 잘 끝내고 나오세요. 아버님을 기다리고 여기 있을 거예요."

나는 오직 공허한 침묵 속에 빈손을 열심히 그들에게 마지막 인사처럼 흔들 뿐이다. 그리고 마음속에 힘껏 외친다.

"여보, 아가, 안녕."

이게 전부이다.

높은 성 요새처럼 굳게 닫혀 있던 수술실 문이 살며시 열리며 내 침대는 성큼성큼 수술실로 아무렇지도 않은 듯이 미끄러져 들어간다. 그런데 이게 웬일인가. 수술을 준비 중인 많은 의사와 간호사가 나를 맞는다. 그들은 당연하다는 듯이 나를 번쩍 들어서 수술대 위로 옮긴다. 기계적으로 순식간에 수술 준비를 끝냈다. 잠시 후 내 이름과 생년월일을 묻고는 내게 음성이 들려왔다.

"두 번 깊게 호흡하세요."라는 소리와 함께 나는 오롯이 빈손 되어 깊은 마취의 잠에 성급히 빠져들어 간다.

인생 반전이다. 하나님 안에서 영광의 긴 잠을 잤다. 사랑의 꿈길을! 대장암의 완전제거라는 감격 속에서 다시 살아난 생명의 기지개를 켠다. 살얼음판을 걷는 내 슬픈 시간이 완전 치유라는 기쁨의 시간이 되었다.

새 생명 되어 새롭게 태어났다. 이제 내 인생은 새로운 세월 나이를 시작한다. 내 안에 참 생명 되어 보고 듣고 느끼며 말할 수 있는 내 모든 것을 새롭게 창조하신 하나님. 내 은밀한 피난처에 영원하신 인자하심으로 살아계신 하나님께 깊이 감사와 찬송을 드린다. 할렐루야!

콜로라도로 이사하다

은퇴하라고?

　인생 숲이 무성하게 우거진 세월을 살았다. 이제 인생 겨울을 맞이하는 푸른 잎이 하나하나씩 떨어진다. 눈보라 치는 겨울 시간을 지켜내기 위한 내 인생 나무의 생명 몸부림이라고 믿는다.
　세 차례에 걸친 암 수술을 끝내고 몸과 마음을 쉬고 있을 때다. 그러나 아직도 비즈니스를 운영하며 아내와 함께 나름대로 바쁜 시간을 보내고 있다.
　아들과 며느리, 딸과 사위가 나를 괴롭혔다. 이제는 그만 일하고 은퇴하라고 쉴 틈 없이 전화했다. 그리고 서로 자기네 집으로 와서 남은 인생 시간을 함께 살자며 이틀이 멀다고 전화해서 은퇴를 종용했다. 그 이유는 엄마와 아빠가 단둘이서 애리조나 투산에서 살아가는 상황이 매우 불안하다고 했다.

내 마음속에 계획한 은퇴의 시간은 아직도 금수강산이 한 번 변할 시간이 남았는데 아이들은 절대로 안 된다며 펄쩍 뛰었다. 우리 부부는 고민에 빠졌다. 비즈니스를 매각하고 은퇴해야 하나, 아니면 우리의 계획대로 밀고 나갈 것인가 심각한 고민에 빠졌다.

아이들의 계획대로 은퇴한다면 남겨진 그 많은 시간을 어떻게 다 소모하며 즐겁고 행복한 시간을 보낼 수 있을까 하는 게 엄청난 부담이 있었다. 또한 고집을 피우고 은퇴를 안 하면 육신적으로 벅찬 힘겨운 일을 얼마나 감당할 수 있는가 하는 진퇴양난의 기로에 놓였다. 내 남겨진 시간 속에 은퇴의 이름으로 남아 있다.

수없이 많은 시간을 기도와 고민 속에서 우리 부부는 은퇴하는 것으로 결정을 내렸다. 콜로라도에서 목회하는 아들네로 가자는 세부적인 사항까지 마련했다. 그래도 은퇴 후에 있을 여러 가지 부담스러운 일이 마음에 걸린다. 열심히 세상 나이 먹고 살아온 일의 마무리도 별로 쉽지 않았다. 이 세상의 일이란 결코 쉬운 일이 하나도 없다. 이것저것 다 이유가 있고 넘어야 하는 산이 있는 것이었다.

아들네 가족과 합류하기 위해 이삿짐을 꾸렸다. 지금껏 살면서 얼마나 많이 이삿짐을 쌌는가. 매번 짐을 챙기면서 하는 말이 "이게 마지막 이사야, 더는 이사하지 말아야지."라고 했으면서도 몇 번을 이사했었다. 이번에도 예외는 아니다. 어떻게 장담할 수 있는

가. 사람의 계획은 언제고 바뀌는 것이 아니던가.

거의 다 버리다시피 하고 정말로 최소한의 필수품만을 엄선하여 아들 집으로 보내고 출발하려고 했다. 그런데 세상은 '코로나19'라는 커다란 변수로 시끄럽다. 사람끼리 만나는 것을 서로 꺼리는 세상으로 변했다. 그래도 인심은 잃지 않고 살아왔는지 교회 성도들이 자기의 집에서 일박하고 가라고 계속 전화를 했다. 고마운 사람들이다. 그중에 한 분 댁에서 밤을 새워 아쉬운 작별을 하고 새벽같이 콜로라도를 향해 출발했다. 그 댁에서 넉넉히 마련해 준 도시락까지 차에 싣고 여유롭게 출발한다. 무려 16시간을 나 홀로 운전하고 가야 하는 길이었다.

아들 집에 자동차로 몇 번 다녀왔다. 똑같은 코스로 섭섭하지만 신나게 달려간다. 거의 쉬지 않고 달린다. 손주와 손녀 만날 생각에 들뜬 마음이다. 홀로 운전하기에 힘들었지만 그래도 무사히 콜로라도에 도착하여 여장을 풀었다. 새로 장만한 집이라 집수리 공사를 하고 있었다.

그래도 잘 왔다 싶은 마음이다. 아들 며느리의 보호 받으며 살아가는 시간을 시작했다. 왠지 모를 마음이 있다. 그것은 안도감이다. 나도 이제 나이를 속일 수 없나 보다. 내가 자식과 함께 사는 것에 의지하는 마음이라니···.

무난하게 정착하며 단란하고 재미있는 시간을 갖기 위해 아들과 며느리와 같은 발걸음을 맞추기 위해 노력하면서 잘 살아가고 있다.

아들이 시무하는 교회도 새로 정착하고 있었다. 원래 우리 부부의 신앙 습관에 따라서 새벽기도와 모든 예배에 적극적으로 참석하며 하루하루의 은퇴 생활에 만족함을 찾는다. 매일매일 보고 싶었던 손주, 손녀들과 한집에 거주하는 기쁨을 누린다. 하루가 행복하다는 마음으로 꽉 채워지며 살아가고 있었다.

그런데 이 행복과 기쁨을 시기하는 순간을 맞았다. 아내와 함께 매일 같이 새벽기도를 다니고 있었다. 그날도 새벽 기도를 가기 위해 아내와 나는 어두움이 걷히기 전에 교회를 향해 달리고 있었다. 그리고 삼거리 교차로에서 좌회전했다. 신호를 무시한 자동차가 내 차와 충돌하는 큰 사고가 일어났다.

수고와 슬픔이 연속 상영되는 연속극처럼 인생의 이름으로 찾아오는 길이 인생 삶의 모습이 아닌가.

슬픔 딛고 춤추는 마음의 비결

　남에서 바람이 부는가 싶더니 북에서 불어오며 내 두 뺨을 차갑게 어루만지면서 지나간다. 먼동이 떠오르기 전의 쌀쌀한 체온을 온몸 가득히 느끼며 아내와 함께 차에 오른다. 두툼한 성경 가방을 옆에 끼고 다른 날 새벽처럼 말 없는 침묵 속에서 길을 재촉한다.
　왜인지 모를 약간의 희열이 마음을 일렁인다. 집을 떠나 본격적인 도로에 접어들고 핸들을 잡은 어깨의 묵직함을 덜어내기 위해 약간의 힘을 뺀다. 차가운 운전대를 살며시 잡은 느낌이 매우 좋다.
　아직 밖의 기온이 차갑다. 그렇지만 상쾌한 거리의 새벽이 만드는 아름다움을 기쁨 충만 가운데 바라본다. 그런데 갑작스럽게 내 옆을 달리며 앞에 끼어드는 자동차의 굉음에 깜짝 놀라면서 애써 브레이크 페달에 힘을 쏟는다.
　'뭐야, 새벽인데.'
　뒤집힐 것 같은 오장육부를 간신히 진정시키려고 마음을 달랜다. 천천히 신호대기 정지선에 맞춰서 차를 멈춘다. 그런데 왜? 하필이면 큰 차가 내 앞을 가로막고 시야를 가렸다. 내 딴에는 앞과 뒤를 두루 살피면서 천천히 차선을 변경한다. 약간의 기다림이 있다.
　그런데 기다림이란 좋은 친구가 아니다. 금방 조바심을 느끼며 연신 신호등에 눈을 맞춘다. 드디어 좌회전 화살표가 신호등에서 선명하게 내 눈에 들어온다. 의식적으로 왼쪽을 쳐다본다. 그래도 꽤 먼 곳에서 자동차가 어두움을 뚫고 헤드라이트 불빛이 의기양양하게 내게 가까이 오고 있다. 나는 서서히 좌회전하기 시작하고 있었다. 그리고 세상의 모든 소음이 내 청각에서 순간적으로 비명을 지르고 사라진다.

얼마의 시간이 흘렀는지 모른다.

"아빠!"

울부짖음에 가까운 외침으로 부르는 천둥소리에 나도 모르게 두 눈이 번쩍 떠졌다. 그런데 이게 웬걸. 내 손과 발이 침대의 네 귀퉁이에 꽉 묶여 있다. 입에는 두 개의 호스로 입이 막혔다. 오직 두 눈을 열심히 굴리면서 상황 파악에 나섰다. 아니나 다를까. 병원 침대에 내 육신이 보란 듯이 눕혀 있는 것이다. 순간, 내 영혼이 슬픈 절규를 아무렇게나 토해낸다.

'이 모습이 나야? 그러면 나는 어떡해?'

"아빠, 교통사고 나셨어요. 엄마는 다른 병원에 입원하고 있어요."라면 아들이 연속해서 외치듯 말한다.

나는 그제야 아내를 떠올리고 걱정스러운 마음이 옥죄어 오는 고통을 심하게 느낀다. 아들이 또다시 고함친다.

"사흘 만에 깨어나시는 거예요."

그 이후 난 제어할 수 없는 큰 육신의 고통 속에 빠진다. 온몸이 안 아픈 곳이 없다. 엄청난 육신의 통증이 온몸을 휘감는다.

복부의 통증을 심한 고통 속에 느끼면서 살펴보니 응급 수술을 했다. 잠시 생각에 잠긴다. "얼마나 응급한 상황이었을까?" 괜한 마음에 쓸데없는 신경 쓴다.

"내 영혼아 네가 어찌하여 낙심하며 어찌하여 내 속에서 불안해 하나 너는 하나님께 소망을 두라 그가 나타나 도우심으로 말미암아 내 하나님을 여전히 찬송하리로다."(시43:5)

집으로 가고 있다. 새 장에 갇힌 새가 자유를 찾아 푸르고 넓은 창공을 마음껏 날 듯이 나는 너무나 집에 가고 싶었다. 매일매일 병원에서 훈련하는 모든 재활치료에 매우 열심히 그리고 적극적으로 참여한다. 재활 종목마다 목표치를 달성해 나간다. 나의 이러한 극성이 소문이 퍼졌는지 내 꿈을 알고 있었는지 의사가 많은 테스트 후에, 집에서 재활치료를 계속해서 받는다는 조건을 나에게 제시하고 퇴원 결정을 했다.

나는 무슨 훈장이라도 탄 전쟁터 귀환 장군처럼 당당하고 용기 있게 현관 출입문을 열어젖히고 큰 소리로 외친다.

"하부지(손주와 손녀가 부르는 우리 집의 할아버지 애칭)가 왔다."

순식간에 예쁜 천사들이 내게 뛰어나온다. 하나씩 네 명의 천사가 내 품에 안겨서 나를 꼭 껴안는다. 큰손녀가 나를 다시 한번 꼭 껴안으면서 내게 속삭이듯이 말한다.

"하부지 감사해요!"

까닥했으면 울컥하는 마음에 눈물을 쏟을 뻔했다.

내가 병실에 있을 때 큰손녀가 몇 번 왔었다. 나는 큰손녀와 반갑게 인사도 하고 이야기를 나누기도 했지만, 내가 큰손녀가 누구인지 몰라보았단다. 내가 육신의 통증이 너무 심해서 최고로 높은 진통제 주사를 맞고 있을 때였다. 가족의 이야기로 확인된 것은 내가 비몽사몽인 상태가 열흘이나 넘게 계속되었다는 사실이었다. 그래서 살아서 집에 온 할아버지가 너무 감사했다고 할아버지가 자랑스럽다는 말을 큰손녀가 내게 말해주었다. 이게 사람 사는 세상에서 볼 수 있는 가장 아름다운 아가페 사랑의 모습이 아닌가. 아들 며느리 손주 손녀들과 함께 생활하는 기쁨이 넘쳐나는 순간이다. 그런데 예상하지 못한 돌발 사태가 일어났다.

그토록 보고 싶어 하고 그토록 눈물 뿌리면서 그리워하던 가족과 일상을 함께하는데 나는 시시때때로 주책없이 울곤 했다. 별안간 나도 모르게 두 눈에서 눈물이 여름 장마 소낙비처럼 쏟아지기 시작하는 것이었다. 울어야 할 아무런 이유가 없다. 모든 일이 만족하고 내 마음의 텃밭에 잡초가 하나도 없다. 나를 향한 가족의 사랑이 넘쳐서 행복할 뿐인데. 내 집을 방문하는 재활치료사도 정말로 정성껏 치료해 주고 있다. 무엇 하나 남부러울 것이 하나도 없다. 그런데 웬 울음이 천지연 폭포수처럼 쏟아지는지 나도 모르겠다. 울다가 끝내는 통곡하고 몸부림치는 사태를 만든다. 억제를 할 수 없다.

수시로 나의 이런 모습을 아들이 물끄러미 바라보고는 했다. 하루는 한참 만에 내 울음이 진정되고 나자, 아들이 심각하게 이야기하기 시작한다.

"아빠, 생활환경을 바꿔 보면 좋을 것 같아요."

나는 아들 제안에 관해 무엇이라고 단 한마디의 말도 하지를 못했다. 그냥 아들과 며느리의 제안을 수용할 수밖에 없었다. 아들과 며느리와 함께 내 삶의 새로운 길을 모색할 수밖에 없다. 많은 사람의 조언을 들으며 나는 새로운 삶의 결정을 한다. 막상 새로운 생활환경을 만들어 적응하는 시간을 갖기로 했지만 새 환경에 대한 심한 두려움과 창피한 마음이 가득가득 내 마음에 채워지고 있다. 심각한 고민에 빠진다.

세컨홈(데이케어)이라는 한인 단체의 서비스를 받는 것이 좋겠다는 아들과 며느리의 권면을 받았다. 깜짝 놀랐다. 지금까지 살아오면서 전혀 생소한 이름이고 생소한 환경이다. 솔직한 표현으로 처음에는 자존심이 무척 상했다. '내가 아무리 환자라지만 내 나이에 벌써 이런 곳에 가야 해?' 하는 무지함이 발동한다. 그리고 나 자신에게 '어떻게 할 거야?' 하고 바보 온달 같은 질문을 수없이 했다.

그곳은 시니어들의 건강한 일상생활을 위해 좋은 프로그램과 각종 강사진을 보유하고 있다. 한인 시니어의 건강을 위해 성실한 서비스를 제공하는 곳이다. 출석 여부를 결정하지 못하고 망설이기만 하는 나였다. 그래서 아들과 며느리에게 등이 밀려서 못 이기는 척 문을 열고 들어갔다.

그런데 내 예상을 완전히 깨고 직원들이 매우 친절하고 상냥한 웃음을 띤다. 그리고 친절하게 안내한다. 낯설고 물선(원래 나는 내성적이고 침착하며 완전한 것을 좋아하는 까칠하고 신경 예민한 성격이다. 데이케어에 들어서는 순간 마음에 큰 부담이 있었다. 그런데 직원들의 웃음 띤 친절은 내 마음의 부담감을 순식간에 봄눈 녹듯 녹아내렸다.

비로소 내 마음에 평화가 찾아왔다. 벌써 많은 노인분이 나와 있다. 모두가 매우 연로하신 모습이다. 어느 한 분이 우리 부부의 나이를 묻고는 "아기가 왔네!" 하고 까르르 웃는다. 평화가 찾아들던 내 마음이 순간적으로 머쓱해지고 내 영혼이 힘차게 우주 유영 길을 우주인처럼 제멋대로 떠난다. 나의 이러한 모습을 아는지 모르는지 아랑곳하지도 않고 전혀 신경도 안 썼다. 하하. 그리고 자신들은 거의 팔십에서 백 세에 가까운 나이라고 소개했다.

첫 번째 방문이 신기하기도 했지만, 왠지 모를 허탈한 마음이 든다. '계속 가야 해?'라는 마음의 의문이 들었으나 또다시 어설픈 내 마음에서 고개를 든다. 그 시간 이후 내 기도 제목이 자연스럽게 내 마음 깊은 곳에 파고든다. 며칠을 두고 야곱처럼 하나님과 씨름한다.

"네 이웃을 네 자신과 같이 사랑하라"(막12 : 31)라는 말씀을 마음 가득하게 품게 하신다. 그리고 신앙생활을 처음 시작했었던 때, 감동으로 읽었던 한 권의 책이 또렷이 내 마음을 차지한다. 『쿠오바디스』였다.

한번 회상해 본다. 기독교에 대한 박해가 막바지에 이르렀을 때 로마는 큰 불길에 휩싸이고 있었다. 반대자로부터 온갖 박해를 피해 살아남은 하나님의 성도들이 사도 베드로에게 권면한다. 그것은 베드로만이라도 이 재난으로부터 피신하여 하나님의 진리 복음을 세상에 더 전해야 한다는 권면이다. 성도들의 권면을 받아들인 베드로는 아직 동이 떠오르기 전에 무섭게 불타고 있는 로마를 빠져나오기 위해서 빠르게 걷는다. 아직도 어두움이 걷히지 않고 있는 어두운 새벽 밤인데 저 앞에서 누구인가 자기를 향해 걸어오고 있다. 베드로는 그분이 예수 그리스도이신 것을 마음속 깊은 곳에 느낀다. 그리고 베드로는 유명한 질문을 예수께 한다. "주님, 어디로 가십니까?" 곧이어 예수 그리스도께서 베드로의 질문에 답하신다. "네가 나의 양을 버리고 로마를 떠나려고 하니, 내가 다시 로마로 돌아가서 십자가를 지고 죽으러 간다."

예수께서 하신 이 유명한 말씀을 들은 베드로는 그 길로 돌아서서 로마로 되돌아간다. 그리고 베드로는 박해자에게 붙잡혀서 십자가 형벌을 받는다. 베드로는 '역 십자가 형벌'(십자가에서 거꾸로 매달려 죽는 형벌)을 고집하고 순교한다.

그동안 온통 어지러운 내 마음에 막막 강산 같은 침묵이 물결을 이루며 흐른다. 그리고 교통사고로 3일 동안 '코마' 상태로 있었을 때 내게 하신 하나님의 말씀이 내 모든 마음을 사로잡고 끔찍하게 휘젓고 휘젓는다.

나는 하나님 앞에 새롭게 큰 결단을 한다. 이왕 버린 몸 죽기 살기로 한번 이 시니어들을 품어보자. 내 조그만 연약한 품으로 품지 말고 하나님의 위대한 큰 사랑의 품으로 한번 크게 품어보자. 데이케어에 새롭게 적응해야 한다는 마음을 버리고 그들을 나 자신 사랑하는 마음처럼 사랑한다는 마음으로 두 팔을 걷어 올렸다.

그리고 나는 지금까지 내 살아온 내 삶의 방식, 일상 습관, 일상생활 속에 굳게 닫힌 보수적인 성향, 체면, 명예, 자존심, 자부심 등등 그동안 교회 생활에서 내 몸에 배어 있는 위선적인 권위 의식을. 이웃 사랑하기 위해 개똥처럼 여길 수 있도록 순종하게 해 달라고 하나님 앞에 두 손을 모은다.

"그러나 무엇이든지 내게 유익하던 것을 내가 그리스도를 위하여 다 해로 여길뿐더러 또한 모든 것을 해로 여김은 내 주, 그리스도 예수를 아는 지식이 가장 고상하기 때문이라. 내가 그를 위하여 모든 것을 잃어버리고 배설물로 여김은 그리스도를 얻고 그 안에서 발견되려 함이니." (빌 3:7~9)

내 연약한 슬픈 인생 황혼에 얼마나 멋지게 다가오시는 하나님의 진리 복음인가?

세컨홈에서 우리 부부는 내 것을 내 것이라 주장하지 않는다. 시니어들을 하나님의 사랑으로 품으려고 마음과 정성과 온 힘을 다하며 노력하고 있다. 그들의 기쁨이 되기 위해서 나는 어떠한 재롱 부리는 행위를 망설이지 않는다. 지금까지 인생의 이름으로 살아오면서 나는 춤을 춰 본 적이 없다. 그런 내가 라인댄스라는 해괴한 춤을 추면서 내가 내 발등을 밟는다. 스텝이 꼬이고 엉켜서 넘어질 듯 비틀거리기를 수없이 한다. 에어로빅 댄스한다고 하면서 제대로 박자도 못 맞추고 똑바로 율동하지 못하는 우스꽝스러운 모습을 나도 모르게 연출하기도 한다.

그러나 나의 이런 어설픈 행동들이 모든 시니어의 웃음이 되고 기쁨이 된다. 오히려 그러한 모든 시니어로부터 기쁨과 큰 힘을 내 마음도 듬뿍 받는다. 그들의 아름다운 사랑의 모습을 보면서 오늘도 감사의 마음으로 그들을 그리워한다. 멈출지 모르는 마음의 비밀스러운 시간, 우리 예쁜 시니어와 함께 뛰어놀고 함께 큰 소리로 웃다가 보니 내 슬픈 울음이 온데간데없이 사라졌다. 나를 휘감던 공황 장애로 인한 나 자신에 관한 공포와 두려움 등을 멀리 지구 밖으로 수학여행을 떠나보냈다. 또한 나 역시도 그들 속에서 짓궂은 개구쟁이 시니어가 되었다.

이 땅에 살아가는 내 인생이 뭐 별거인가? 언제인지 나 모르지만 내 인생 숲의 마침표를 찍는 날 후회 없는 한 올의 검불이 되어서 기뻐 울면서 빈손 들고 왔던 곳으로 웃음으로 돌아가는 길이 아니던가.

이 땅에 머무는 남겨진 모든 순간에 애써 이웃을 사랑하며 함께 기뻐 웃다가 홀로 가는 길이 선한 길이다. 기쁨이 넘치는 오늘을 보내며 늘 감사함으로 하나님 안에서 깨어 있고 싶다.

살맛 나는 세계, 가족 3대

큰손녀의 고교 졸업식

하늘도 축복하듯이 푸르게 빛내는 오늘은 왕의 대관식처럼 큰손녀가 고교 졸업하는 날이다.

아직도 어둡고 컴컴한 밤이 고운 아침 햇빛에 채 물러가기도 전이다. 콜로라도 덴버대학교 체육관에서 개최되는 고등학교 졸업식에 참석해야 한다고 집안이 온통 아수라장이다.

큰손녀 어여쁜 갓난아기를 며느리로부터 내 품에 받아 안아 들고 금강산 일만 이천 봉우리처럼 치솟는 감격에 울먹였던 나였다. 그 일이 마치도 어제 일만 같다. 그날의 소중한 그 기억을 내 영혼 가장 깊고 은밀한 곳에서 아낌없이 떠올리며 기쁨 속에 감격하는 큰손녀의 자랑스러운 날이다.

열 일 제쳐놓고 내가 어찌 참석하지 않겠는가. 마치 전쟁하는 군인처럼 오 분 만에 빠른 샤워를 끝마치고 주섬주섬 외출복을 신이 나서 꺼내 입는다. 그런데 내 입가에 살짝 번지는 엷은 미소는 엉뚱하게도 내 마음에 조바심의 격한 풍랑을 일으킨다. "빨리빨리 가자."라면서 냉큼 문을 열고 당당하게 앞서며 기쁨의 길을 재촉한다.

 일상의 모든 시간을 감사의 마음으로 멈춘 온 가족이 큰손녀의 졸업식에 참석하기 위해 한마음으로 총출동이다. 8인승 자동차에 가족을 가득 싣고 기쁨과 조바심으로 가득 채워진 자동차가 서서히 출발하기 시작한다.

 오늘 주인공의 아빠인 아들이 자동차 핸들을 잡았다. 자기 장녀가 주는 고교 졸업이라는 인생 횡재 같은 선물에 마음이 급해서인지 처음부터 출발이 줄타기 곡예 운전을 한다. 자동차가 굴러가는 차선을 엿장수 맘대로 하는 가위질처럼 셀 수 없이 갈아탄다. 속도도 제 마음껏 높인다. 평상시의 나는 이토록 과감한 운전은 감히 엄두도 못 가진다.

 온 가족을 태운 자동차는 달리고 달려서 졸업식장을 향해 마구 뛰어 달려간다. 내 짐작으로 거의 목적지에 도착한 것 같다. 왜냐하면 벌써 학부모를 태운 자동차가 침착하게 긴 행렬을 만들고 있다. 그리고 딱딱한 아스팔트 위에서 붕붕거리며 빨간 신호에 밀려 거의 움직이지 못하고 있기 때문이다. 이리저리 두리번거리다가 졸업식장인 체육관 인근 개인 주차장으로 아들이 운전하는 차가 손바닥을 뒤집듯이 가볍게 들어선다. 나 같으면 감히 엄두도 낼 수가 없었을지 모른다. 그런데 아들은 과감하고 여유로운 모습으로 주차장에 차를 진입시킨다. 그리고 보라는 듯이 안전하게 주차한다. 나는 혀를 차며 생각한다. 이 모든 일이 젊음이라는 순발력이 아닌가.

꼴뚜기도 한철이라는 우리의 옛 속담처럼 바쁜 날이라 그런지 주차료도 대뜸 선불을 요구한다. 지금의 상황은 자동차를 주차할 수 있는 자리가 있다는 것으로 로또 맞은 행운같이 들뜬 기분이다.

차에서 내린 온 식구가 졸업식장을 향해 한꺼번에 콧노래를 부르며 한 무리가 되어 힘차게 걸어간다. 나 역시도 행복이라는 내 잔이 넘치도록 사랑스러운 감사의 눈으로 그들을 쳐다보면서 기쁨 가운데 걷는다. 잠깐 옛날 생각에 젖으며 이내 감격한 기쁘고 즐거운 마음을 주체하지 못하며 흥겨워한다. 누가 말릴 수 있는가 이 마음을, 하하.

삼 십여 년 전, 어린 아들과 딸을 미국으로 조기 유학시켰다. 덩달아서 우리 부부도 계획도 없었던 미국 이민 아닌 이민을 왔다. 숱한 우여곡절 이민 생활 속에서도 나의 아들과 딸은 끝까지 공부를 마쳤다. 또한 하나님께서 맺어주신 배필을 만나 결혼도 했다.

그리고 각자의 독립된 삶을 살도록 했다.

　금수강산이 두 번 변할만한 시간에 아들로부터 출생한 큰손녀가 오늘 고등학교 졸업을 한다. 이어서 가을에는 의젓한 대학생이 된다. 행복한 생각에 젖어서 걷다가 보니 내 마음은 봉황의 뜻을 모두 깨달은 듯하다. 나 자신에게 마음의 소리로 속삭인다.

　"자네 그동안 수고했다. 여보, 당신도 수고하고 고생했네. 억척스러운 당신이 아니었으면 아마도 오늘의 행복한 이 시간이 없다고 생각하네. 정말로 고맙네, 고마워. 우리가 앞만 보면서 숨 가쁘게 살아왔네. 그래서 이민의 삶 속에서 겪었던 우리 아픈 기억은 이제 모두 잊어버리세. 지금부터는 기쁨으로 꽉 채워졌던 멋진 인생이라는 거친 삼림 속 올곧은 나무처럼 살아온 우리의 기억. 그 소중한 우리의 추억만을 마음 깊이 간직합시다. 그리고 우리에게 남겨진 날의 영원한 시간 여행을 기쁨 가운데 감사하며 행복하게 함께 살아갑시다."

　아내와 더불어 행복하게 살고 싶다는 간절한 소망이 내 마음의 깊은 바닥에서 힘차게 꿈틀거린다. 또한 나 자신에게 할 수 있다고 스스로 힘과 용기를 주고 또 준다.

　용꿈을 꾸는 것 같은 기쁨으로 졸업식장인 체육관 안으로 들어선다. 내가 생각했던 예상을 훌쩍 넘어서 졸업식은 웅장하고 큰 규모로 시작하고 있었다. 졸업식장은 화려한 실내 장식으로 훌륭했다. 체육관을 가득가득 메운 졸업생 가족들이 함성을 목청껏 지른다. 벌써 졸업식장 안은 흥분된 감동의 순간으로 돌아가고 있었다.

"와, 대단하네."

내 입에서 놀라움의 탄성이 급하게 터져 나왔다. 그리고 줄곧 내 입가에는 기쁨을 감추지 못하는 함박웃음의 미소가 끊이질 않는다. 학교 재학생으로 구성된 관현악단의 밴드 소리가 은은하게 졸업식장을 가득 채운다. 아쉬움으로 보내는 재학생의 축하곡은 청중의 뜨거운 열기를 뚫고 졸업식장 널리 퍼져나간다. 마음을 차분하게 가라앉히던 은은함의 멜로디가 갑자기 힘찬 행진곡으로 바뀐다.

그때! 오늘의 주인공인 졸업생이 개구쟁이처럼 팔을 높이 흔들며 대견스러운 모습을 마음껏 뽐낸다. 두 군데의 입구를 통해 초록색 가운을 입은 졸업생이 질서 있게 입장하고 있다. 이 아름다운 광경을 이미 흥분된 마음으로 황홀하게 기다리던 많은 가족이다. 더는 참을 수 없다는 듯이 모두 자리에서 일어나 기쁨으로 껑충껑충 뛴다. 힘찬 박수갈채와 휘파람 소리 그리고 함성으로 졸업식장을 불도가니처럼 마음껏 달구고도 남는다. 나도 덩달아서 일어섰다. 내 손녀의 입장을 급히 찾아내고는 큰소리로 함성을 질렀다. 아니 내 손바닥이 터질 듯이 손뼉을 치고 또 쉼 없이 돌아가며 쳤다. 얼마나 가슴 벅차고 감격스러운 이 광경인가. 내 살아 있는 행복한 눈을 통해 기쁨 가운데 바라보고 있는 내 모습. 나 자신이 레드 카펫 위의 황홀한 꿈길을 걷고 있는 것 같은 착각을 했다.

졸업생의 입장이 끝나자 계속해서 졸업생의 발표회가 이어진다. 각종 상을 받은 졸업생이 나와서 자신의 수상 소감을 훌륭한 연사처럼 능숙하게 매우 잘 피력하고 있었다. 또한 피아노와 전기 기타 그리고 졸업생이 함께 협연하는 연주 발표. 누구의 간섭도 없이 그들 스스로 매끄럽게 이어져 간다.

그런데 이 순간, 나는 우스꽝스럽게도 졸업식 순서를 발표할 때를 기다리고 또 기다렸다. 이뿐인가. 언제 시작하는지 심한 조바심도 일었다. 내 마음은 아랑곳하지 않고 졸업식은 이미 잘 진행되고 있다는 확신이 계속해서 내 마음을 가득 채워 나간다. 왜냐하면 교장 선생님이 졸업생에게 졸업장을 수여하는 순서를 마지막으로 진행되고 있었기 때문이다.

나는 어리석게도 옛날 옛적에 내가 했었던 졸업식을 반세기가 넘는 세월을 쉽게 버리고 머릿속에 연상하고 있었다. 그때 졸업식은 모든 행사의 주관자는 학교와 선생님이었다. 그런데 큰손녀의 졸업식 주관자는 학교와 선생님이 아닌 모든 졸업생이 중심이 되어 자율적으로 매끄럽게 행사를 이끌고 있었다. 나는 매우 놀라며 겉으로 표현하지는 못했지만 시대가 많이 변했다고 생각했다.

새로운 시대에 새롭게 변화되며 새로운 세상 속에 우뚝 세움을 받는 큰손녀의 자랑스러운 고교 졸업의 모습을 기쁨으로 감사했다. 또한, 한반도 배달민족의 후손으로 영광스러운 이 자리에 세워진 큰손녀의 고교 졸업을 마음속에 깊이 담고 담으면서 하나님께 감사의 마음을 진심으로 기도했다.

졸업식 후 모든 가족은 기념 촬영하기에 분주하고 매우 복잡하다. 우리 가족도 예외는 아니다. 오래 기다리고 난 후 큰손녀를 찾아내고 꽤 많은 사진 촬영 시간을 가졌다. 그리고 옛날부터 졸업식 후에 전통처럼 꼭 빠질 수 없는 순서를 갖기로 했다. 우리 가족과 큰손녀의 친구를 데리고 두 대의 자동차로 멋지게 이동했다.

우리가 도착한 곳은 큰손녀가 졸업식 전에 간절히 원했고 평상시에 매우 좋아하는 음식을 서빙하는 식당이었다. 우리 부부는 아들 부부와 네 명의 손주, 손녀, 그리고 큰손녀의 친구, 이 모든 가족이 평생에 한 번 갖는 이 기쁜 시간을 위해서 마음껏 먹고 마음껏 큰손녀의 고교 졸업을 축복해 주고 싶었다. 물론 식사 대금 지급은 고맙게도 오늘의 주인공이며 큰손녀의 할아버지인 내게 황금 같은 기회가 주어졌다. 이것이야말로 내 자랑스러운 인생 몫이다. 얼마나 기쁘고 행복한 날인지. 이 아름다운 순간이 우리 가족에게 있음을 매우 감사할 뿐이다.

감사합니다. 하나님!

첫눈

 밤을 쫓아내며 불던 바람이 하늘을 하얗게 얼려 버렸다. 엄마가 방앗간에서 빻아온 흰 쌀가루 같은 고운 하얀 눈을 하늘 꼭대기 가장 높은 곳에서 두 손으로 팔 벌리고 마구마구 던진다. 한여름 복더위에도 푸르게 힘쓰던 도토리나무가 숨죽은 잎이 되었다. 그런데도 온몸 가득히 흰 꽃송이를 사뿐히 받아낸다. 부러운 듯 바라보는 내 마음은 기쁨의 눈이 되어 태평가 부르면서 덩실덩실 두 팔 벌려 춤춘다.

 올해를 시작하는 설날에도 흰 눈꽃 송이가 온 누리를 하얗게 덮었다. 개구쟁이처럼 들떴던 마음을 애써 누르며, 올 한 해가 내 삶 속에 꽃피울 흰 꽃송이를 생각하면서 기쁨의 날을 서둘렀다. 무엇보다도 아픈 몸이 없는 시간을 엄지척으로 손꼽으며 세월 나이를 붙잡고 싶었다. 흰 꽃송이 마음껏 뿌려대는 하얀 하늘을 올려다보며 침묵의 속삭임을 했다. 아니, 순간이라도 멈출지 모르는 세상, 인생 시간 속에서 평안한 마음과 몸을 채워가고 싶은 알토란 같은 바람으로 두 손을 간절히 모았다.

 엊그제 같은 시간이 쏜살같이 달아나고 또 첫눈이 오는 시간을 엉겁결에 맞아들인다. 밤새도록 뒤척이면서 흰 꽃송이 잔뜩 안고 불어오는 황소바람에 내 마음이 녹아 버렸다. 이렇게라도 토해내고 싶은 영혼은 지나쳐 온 순간을 떠올리며 기억한다.

지난해 생사를 넘나드는 교통사고를 당한 후유증으로 나와 아내는 어느 곳 하나 아프지 않은 곳이 없다. 나보다도 더 고통을 호소하는 아내를 바라볼 때면 마음이 아프다 못해 절임 당한 김장배추 같은 쓰라림이 몰려오곤 했다. 그렇지만 안타깝게도 멍청히 그런 아내를 바라볼 뿐 해줄 수 없는 것이 고통이었다. 그래도 하루하루 잘 견뎌 주는 아내를 감사한 마음으로 바라본다. 세월 나이 먹고 겪은 후유증은 이토록 쉽지 않다.

그래도 잘 견뎌내고 있었는데 혼란과 갈등을 만드는 순간이 생겼다. 아들이 콜로라도에서 십 년 동안 개척했던 목회를 접고 시애틀로 가고 싶다고 했다. 시애틀 큰 교회에서 청빙이 왔다고 했다. 하나님의 사역자로 목회하면서 2세를 위한 비전을 늘 마음에 품고 있었는데 이제 하나님 사명으로 감당할 수 있는 시간을 보낼 수 있게 된 청빙이라고 설명했다. 아들은 우리 부부도 함께 시애틀에 가기를 원했다.

아내와 나는, 우리의 거취를 놓고 깊은 고민에 빠졌다. 왜냐하면 애리조나주의 투산에서 이사를 와서 이제 이곳에서 새롭게 정착하고 마음의 정을 붙일만한 사귐과 이웃 관계를 잘 이루고 있는 시간에 또 시애틀이라는 멀고 먼 곳으로 이사해야 한다니, 쉽게 결론을 내릴 수 없는 일이었다.

우리 부부의 인생 시간에 정말로 이사를 많이 다녔다. 어휴!
 몇 차례에 걸쳐 이사하는 문제에 관해 아들 부부와 함께 깊은 나눔의 시간을 갖는다. 그렇지만 계속된 중복의 이야기를 헤어나지 못하는 아픔을 맛본다. 손주들과 함께 사랑을 나누고 살면서 또한 세상 살아가는 편리함을 원해서 난 아들네 가족과 함께 시애틀로 이사하고 싶은 마음을 적극적으로 주장했다. 그런데 아내는 정반대의 마음을 갖고 있었다. 자기가 겪고 있는 육신의 고통보다도 이곳에서 만난 이웃과의 사귐에 더 많은 애착과 연민을 느끼고 있었다. 남은 세상 시간을 그들과 함께 사랑하면서 기쁨과 즐거움 속에서 살고 싶다는 주장을 전혀 바꾸지 않았다.
 많은 시간의 대화가 다람쥐 쳇바퀴 돌듯할 뿐이다. 드디어 결정의 시간이 왔다. 우리 부부의 결정에 따라서 많은 계획이 세워져야 한다. 아들 부부와 또다시 대화의 시간을 가졌다. 그러나 결론을 돌출하지 못했다. 아내와 난 서로의 주장을 굽히지 않는 견해의 벽을 만든다. 마지막으로 아내 혼자서 이곳에 남기로 하는 가슴 아픈 이야기까지 나왔다. 그러나 대화의 자리를 먼저 박차고 일어선 아내가 흘러가는 말처럼 홀로 중얼거리듯 말한다.
 "나 혼자 어떻게 이곳에 있어? 나도 함께 갈래."
 이렇게 우리의 대화는 마음 아프게 끝났다. 그 순간부터 나는 또다시 오롯이 깊은 고민에 빠진다. 내 젊었었던 시절에 '별이 빛나는 밤에'라는 음악 프로그램에 빠져서 어두운 밤을 지새웠던 때가 무색할 정도로 길고 긴 밤을 뜬눈으로 하얗게 밝히며 어떻게 해야만 하지? 하고 정답을 찾으려 깊은 상심에 빠졌다. 그리고 얻은 결론은 아내와 함께 이곳에 남겠다는 결론을 내렸다. 하지만 나 자신이 스스로 마음을 바꾸었다는 사실을 아내에게 알리고 싶지 않았다. 왜냐하면 내가 아내를 측은히 여겨서 마음을 바꿨다면 아내의 자존심이 무척 상할 것 같은 마음이 되지는 않을까 하는 내 노파심 때문이었다.

아침 일찍 아들과 단둘이 이야기를 나눴다. 아들이 나를 설득해서 내 마음이 바꾸게 되었다고 아들과 함께 마음을 모았다. 그 후 내가 넌지시 아내에게 이야기했다. 아내는 매우 만족해하며 안도의 숨을 내쉰다. 아니 매우 기뻐한다. 이렇게 우리는 새로운 일정을 세우고 하나하나씩 진행해 나가기로 아들과 함께 계획을 세웠다. 그러나 아들이 우리의 이곳 잔류에 관해 매우 불안한 마음임을 솔직히 토로했다. 우리 부부가 이곳에서 겪으며 살아갈 일들이 무척 걱정스럽다고 조심스럽게 말했다.

우리 부부의 몸이 완전히 건강한 상태도 아니어서 계속해서 병원에 다녀야 하는데 자기가 없으면 어떻게 할 수가 있는지, 아들 부부가 무척 걱정했다. 그래도 또다시 결정을 번복할 수는 없는 일이 아닌가. 우리 부부의 거처를 새롭게 준비하는 일에 가족 모두의 마음을 모았다. 엄청나게 특별 케이스로 큰손녀가 우리와 함께 잔류하기로 아들 부부의 요청을 받아들였다. 가을 학기부터 대학에 입학하는 큰손녀가 우리와 함께 생활하면서 우리를 도와줄 수 있다는 아들의 제안이었다. 그래야 자기 마음을 안심할 수 있다는 우리 부부를 위한 배려의 마음이다.

부모를 향한 자식의 사랑을 어떻게 뿌리칠 수 있겠는가. 감사한 마음으로 받고 이사할 준비를 서두르기로 했다.

그리고 수없이 우리 부부가 살 집을 구하러 다녔다. 일반 아파트, 정부에서 운영하는 아파트, 일반 하우스, 그러나 모두 마음에 내키지 않았다. 모두 부담스럽고 우리 부부의 마음은 만족을 느끼지 못했고, 우리 집은 벌써 좋은 가격에 팔렸고 우리에게 시간이 별로 남지 않았다. 새로 지은 콘도미니엄을 보러 가자는 아들의 제안에 기쁘게 승낙하고 함께 갔다. 내 마음에 쏙 들었다. 그래서 모든 일을 제쳐놓고 콘도미니엄을 사기 위한 일에 적극적으로 힘을 썼다. 결론으로 좋은 가격에 매입하고 본격적으로 이사 준비에 들어갔다.

여름 복더위도 아랑곳하지 않고 이사하는 강행군했다. 세월 나이 먹고 하는 이사가 얼마나 힘들고 지치게 하는지. 우리 부부의 입에서 "또다시는 이사하지 않을 거야."하고 수없이 머리를 흔든다. 그럭저럭 며칠을 거쳐서 모든 이사를 끝냈다.

모든 긴장이 풀려서인지 우리 부부는 몸살이 나서 누웠다. 이렇게 세상살이는 쉽지 않은 삶을 덤이라고 우리에게 보태주는가 보다. 새로 장만한 집에서 새로운 마음으로 행복한 시간이 시작되었다. 얼마나 감사한지.

3대가 한 집에서 엄청 기쁘고 즐겁고 행복하게 사랑을 나누면서 그동안 잘 살아왔는데…. 아들 가족이 훌쩍 시애틀로 떠나버렸다. 모든 상황이 멈춰 버린 것 같다. 손주들이 떠드는 소리 심지어 손주들이 싸우는 소리마저 그립다. 적막강산이 따로 없다. 금방이라도 손주가 '할아버지!'하고 문을 열고 들어올 것 같은 착각이 든다. 나도 모르게 집안을 이리저리 둘러본다. 그리고 불러본다.

"애들아 어디에 있니?"

아내의 반쪽 수족이 되어서 열심히 아픈 아내를 수발한다. 그렇게 더운 여름을 아무런 문제 없이 잘 지냈다. 가을인가 싶은 마음이 채 낭만을 즐기기도 전에 계절은 심술꾸러기처럼 흰 눈을 가득 품은 찬바람을 잔뜩 몰고 와서 인사를 한다. 이제 겨울이 시작이라고.

그래도 우리 부부에게는 아무런 문제가 전혀 없다. 왜일까. 아내가 교통사고 후유증으로부터 상태가 매우 좋아지고 있는 것 같다. 아내가 건강을 회복한다면 우리 부부의 삶에 무엇이 문제가 될 수가 있겠는가. 아무리 힘이 들고 어려운 인생 고난이 찾아와도 우리 부부는 잘 인내하고 잘 견뎌내리라 믿음으로 믿는다. 지금까지 매우 행복하게 잘 살아온 인생 시간처럼!

여유로운 노년의 삶

아내와 함께하는 여행

나와 가깝게

겨울 추위가 몰고 온 어두운 밤하늘은 아직도 먼동이 떠오르는 것을 주저하며 붙잡고 있으면서 세상 시간을 눈치 보고 있다. 여름내 힘차게 땅속에 뿌리내려 세워져서 푸르게 힘썼던 나무도 이제 자신의 차가운 옷을 벗어 던지기 위해 안간힘을 쓴다.

동서남북으로부터 창밖에 불어닥치는 찬 겨울바람을 무심코 내다보면서 한동안 침묵에 잠긴다. 그리고 오늘을 살아낼 이야기를 마음 가득히 떠올리며 무심결에 두 팔을 힘주어 잡는다. 다람쥐 쳇바퀴 돌듯하는 은퇴 생활이지만 그래도 새로운 삶의 활력소가 없을까? 하는 멋진 소망을 꿈꾼다. 우리 부부 둘이 소꿉장난하듯 지나치는 하루하루 삶의 시간이 무슨 멋진 바람을 만들어 낼까.

이때다. 며칠 전부터 몸이 불편해하던 아내가 별안간 무척 힘들어한다. 그러나 어떻게 마땅하게 도와줄 방법조차도 없는 상황에 그저 그런 아내를 지켜보고만 있을 뿐이다. '괜찮겠지?' 하는 안일한 내 마음이 무척 답답하다. 오늘은 쉽게 아내의 고통이 끝나지 않을 것 같다. 내 예상을 넘어 문제가 일어나고 있었다. 아내가 점점 더 심해져 오는 가슴의 통증을 호소했는데 이마에서는 진땀이 장맛비처럼 흘러내렸다.

온몸에 힘이 없고 말도 제대로 하지 못했다. 매우 당황한 나는 아내를 차에 태우고 DR PURCHA한테 달려갔다. 내가 오직 할 수 있는 말, "조금만 참아."였다. 뭔 정신으로 병원까지 왔는지 모른다.

주차장에서 주차하는 중에 전화벨이 힘차게 울렸는데 시애틀에서 살고 있는 며느리의 긴급 전화다. 아무래도 불안해서 간호사와 통화 중이라면서 간호사의 계속되는 질문이 다급하게 전화기 속에서 울려 나온다. 내가 아내의 상태를 최선을 다해 답한다. 그리고 곧 결정이 내려졌다. 응급실이 있는 큰 병원으로 가야 한다는 음성을 듣는 동시에 응급차의 요란한 소리가 났다. 그리고 내 차 옆에 정차하고 응급 환자를 찾는다. 곧바로 아내를 응급차에 옮겼다. 순식간의 일이다. 별안간에 일어난 긴급 상황에 나는 매우 당황했다.

나도 급히 응급차에 올랐다. 아내에게 응급처치한다. 내 생각으로는 심전도 검사를 위해서 많은 팩을 아내의 가슴에 붙인다. 곧 모니터에서 여러 가지 정보가 보인다. 문제는 혈압이었다. 혈압이 하늘 높은 줄 모르고 계속 치솟고 있었다. 218/185까지 선명하게 숫자를 표시한다. 그와 동시에 모니터가 굉음을 내며 꺼져버린다. 다시 모니터를 작동시켰으나 곧바로 굉음과 함께 모니터가 또 꺼졌다. 마침내 응급차가 앵하는 소리와 함께 응급실을 향해 힘을 다해 달려갔다. 동이 트기 시작하며 출근을 위해 자동차가 전 차선에서 급한 물결을 만들며 달렸다.

　응급차에 누워 있는 아내를 바라보는 내 마음은 매우 참담했다.

　응급차에서 여러 가지 검사를 했다. 그런데 아내가 왼손과 왼발을 쓰지 못했다. 왼쪽 눈의 눈동자를 좌우로 굴리지 못했다. 내 마음은 참담하다 못해 터져 버릴 것 같은 폭발 직전이었다. 순간적으로 생각이 스쳐갔다.

　'뭐야, 스트록이 온 거야.' 그러나 이 사실을 아내에게 이야기할 수가 없다. 왜냐하면, 아내가 충격을 받을 것 같다는 생각이 내 입을 막았기 때문이다. 곧 모든 상황을 하나님의 뜻에 맡기고 영원히 인자하신 선하심에 의지하겠다고 기도하면서 마음의 평안을 찾으려 침묵으로 애썼다. 이러한 내 마음을 알고 있는지

　응급차는 앵앵 소리를 급하게 쏟아내며 전속력으로 달렸다. 그런데 매우 속상한 일이 생겼는데 응급차가 계속 임시 정차를 했다. 출근 시간이어서 바쁜 운전자가 응급차를 피해 주지 않았다. 너무

너무 속상했다. 아니 그들이 너무 미운 새끼 오리 같은 마음이 불현듯 생겼다. 그래도 운전자가 대수롭지 않게 여기고 요리조리 능숙하게 피하면서 빠르게 병원 응급실 앞에 도착했다.

그런데 구급대원이 아내와 함께 비상 응급실 문을 통해서 병원에 들어가지 못하게 나를 제지했다. 응급실 정식 입구를 통해 들어가라고 요구했다. 병원 측에 응급 접수하라고 했다. 아내와 함께 있게 해 달라고 요청했지만, 규정상 안 된단다. 빠르게 포기하고 정식 입구로 뛰어갔다. 응급 접수하고 있는 안내자에게 아내의 응급을 이야기하는데 끝내 눈물이 쏟아졌다. 주체할 수 없는 눈물을 주룩주룩 흘렸다. 안내자가 나를 위로하며 자리에 앉아 10분만 기다리기를 요청했다. 아내가 지금 CT 촬영을 하고 있다면서. 고개를 끄덕이며 침착히 안정하면서 의자에 앉아 오직 안내자만을 뚫어지게 쳐다봤다.

10분도 넘은 것 같은 급한 마음인데, 안내자가 나를 부르지 않았다. 더는 지체하지 못하고 조급한 마음에 안내자에게 다가갔다. 그리고 아내와 가깝게 있을 수 있도록 배려해 달라고 간절히 요청했다. 응급 1호실에 아내가 있다고 알려 주면서 입구를 손짓했다. 감사를 표하면서 뛰다시피 들어갔지만, 매우 복잡한 복도에서 멈췄다. 한 발짝도 움직이지 못할 정도로 복도는 복잡한 미로 같았다. 체면도 아랑곳하지 않고 지나치는 직원을 붙잡고 응급 1호실을 어떻게 갈 수 있는지 묻고 또 물었다. 의외로 직원이 상냥하게 자기를 따라오라고 하며 앞섰다. 잠시 후 나는 텅 빈 응급 1호실에서 CT 촬영 중인 아내를 기다리고 있었다. 한참 시간이 지나고 아내가 침대에 누워서 응급실로 들어왔다.

얼마나 감사한지, 몇 년 만에 만난 부부처럼 손을 꼭 잡았다. 아내가 많이 안정된 모습을 보였다. 얼굴도 붉은 홍조를 보였다. 응급조치를 끝낸 모습이 안심할 수 있는 모습이었다. 힘껏 옥죄던 나의 몸도 서서히 풀리기 시작하며 내 마음의 안정도 빠르게 회복했다. 한참 동안 잠을 자고 난 후 아내는 더 회복된 모습을 보였다. 간호사가 와서 조심스럽게 이야기했다. 오후에 뇌를 MRI 촬영한 후에 치료 여부를 결정한다고 했다.

오늘은 입원해야 한다면서 입원실로 아내를 옮기기 위한 준비에 들어갔다. 응급실의 조치에 만족하면서 입원실을 들어섰다.

1인실 독실이다. 매우 깨끗한 병실과 환자와 보호자를 위한 여러 가지 필수품이 마음에 든다. 응급차로 올 때보다 빠른 회복과 안정을 보이는 아내다. 병원에 와 있다는 그 하나가 마음을 무척 편하게 했다. 아내가 이제 일상적인 이야기를 하며 간혹 웃음을 짓기도 했다. 배가 고프다면서 무엇을 먹을까 하는 질문을 나에게 던지기까지 했다. 웃음이 내 얼굴을 채웠다. 기쁜 마음에 간호사를 부르고 아내가 먹을 수 있는 식사를 주문해 주기를 요청했다. 잠시 후에 햄버거가 배달되자 아내가 순식간에, 게 눈 감추듯 먹었다. 그렇다. 인생이란, 배고픔은 참을 수 없는 길이 아닌가. 모든 삶의 헛된 인생 행위가 배고픔을 면하기 위한 처참한 몸부림이 아니던가. 아내가 배고픔을 느끼니 이제는 완치였다.

병실에서 긴 밤을 하얗게 뜬 눈으로 보내고 새날이 밝았다. 오늘이 추수 감사절이었다. 며칠 전 시애틀에서 목회하고 있는 아들 집에 가기 위해 비행기표 예약을 했으나 아내의 갑작스러운 병원 입원으로 포기해야 했다. 모든 일정을 포기하는 절차를 밟으면서 마음속 깊은 곳에 허탈한 아쉬움이 생겼다. 그리고 잠시 생각에 잠겼다. 그렇다. 내 생각으로 세운 계획이 절대적으로 이루어지지 않는다는 하나님의 진리 앞에 겸손히 마음을 모으면서 아내의 두 손을 꼭 잡았다.

그런데 무척 기뻐할 일이 생겼다. 퇴원해도 좋다는 의사 허가를 듣고 우리 부부는 얼마나 감사한지 몰랐다. 무척이나 오랜 시간 머물러 있던 병실을 나서는 것처럼 뒤를 돌아보면서 병실에 작별을 고했다. 이곳에서 있었던 매 순간이 감사한 마음뿐이다.

고통스러워하는 아내를 데리고 황급히 떠났던 집에 아내와 함께 웃으면서 돌아왔다. 세월이 나이 먹어 가면서 금의환향이 뭐 별거인가. 보라는 듯이 이렇게 치유 받고 돌아오는 것 아닌가. 일 초 후의 미래도 내다보지 못하고 수심이 가득해서 떠났던 내 집을 함박웃음과 기쁨 속에 하나님께 감사하며 집으로 돌아오는 것이 바로 우리 인생 속 멋진 금의환향이었다.

그렇다면 우리는 얼마나 멋진 인생을 살아가고 있는가. 그런데 무엇을 더 욕심부리며 무엇을 더 세상 속에서 구걸하는가. 세상의 헛바퀴 돌아가는 세월 나이는 점점 더 먹어 가겠지만, 내 집에 가는 기쁨은 점점 더 마음 가득 충만해지리라.

"이 사람아, 아프지 말고 오랫동안 나와 가깝게 살아갑시다."

절벽 가운데 자리한 인디언 마을

여행 가기를 나는 별로 좋아하지 않는다. '여행'은 돈 주고 사서 하는 고생이라고 생각하는 게으른 편견을 소유하며 여행에 관해 청개구리처럼 엇나가기를 좋아하는 마음이었다.

여행을 좋아하는 아내와 내가 여행에 관한 대화를 시작하면 매번 부끄럽게도 서로 충돌하곤 했다. 반세기가 가깝게 여행에 대해 우리는 그렇게 티격태격하면서 여행을 즐기지 못했다. 왜냐하면 이민자의 삶은 여행을 즐길 만큼 그렇게 호락호락하지 않다고 무슨 굳센 신념처럼 내 마음에 간직하고 있었기 때문이다.

아내가 갑자기 또 여행을 가자고 나를 졸라대기 시작한다. 세상 나이도 많이 먹었으니, 이제는 여행을 즐기면서 살자고 별안간 홍길동전 같은 이야기를 시작한다. 그런 아내가 별로 탐탁하지 않았지만 한번 들어 보기나 할까, 억지로 맑은 시냇물 같은 마음을 만든다.

아내의 이야기에 턱을 괴며 아기가 졸 듯이 눈감고 듣기 시작했다. 어디에서 듣고 왔는지 우리가 살아가고 있는 콜라라도 센테니얼에서 남서쪽으로 7시간 정도에 매우 볼만한 미국 역사 고적지가 있다고 내게 신이 나서 말했다. 동네 이름이 '듀랑고'로 '푸에블로' 인디언이 살았던 절벽 집이 있단다. 평소 역사 이야기를 좋아하는 나는 미사일에 맞은 듯 엄청난 흥미가 생겼다. 또한 은퇴 이후 한가한 삶으로 매우 심심했던 참이었다. 아내는 역사 탐방이라는 미끼로 대어를 낚으려는 듯 온몸으로 여행에 관해 설명했다. 나는 못 이겨서 승낙하는 듯이 "좋아, 갑시다. 오랜만에!"라며 친절하고 다정하게 말했다.

'듀랑고'에 대해 약간의 리서치가 필요했다. 준비의 시간을 거쳐 새벽의 어두움을 물리치면서 자동차로 출발했다. GPS를 켜놓으니 자동차는 아주 친절하게 목적지를 안내한다. 나는 고속도로 규정 속도를 지키기 위해 엑셀에 힘을 조정할 뿐이다. 무슨 급한 일도 없으니 과속할 일도 없다. 그냥 천천히 가도 7시간이면 도착할 것처럼 GPS는 문자를 계속 띄운다.

참 좋은 세상이다. 오랜만에 새롭게 보는 창밖을 내다보면서 아내는 어린아이가 되었다. 흥분된 목소리로 지나치는 창밖의 모습을 방송국 아나운서처럼 생중계했다. 아내의 그런 모습을 곁눈질로 흘깃흘깃 보면서 아내에게 매우 미안한 마음이 들었다.

'이렇게 좋아하는데 그동안 산더미처럼 많은 일만 시켰구나.'

그런데 젊잖지 못하게 핑계의 마음이 든다. '무척 바쁜 이민 생활하다가 보니 어쩔 수 없었어.'라면서 나 자신을 합리화하는 못된 내 습관이 또 발동했다.

몇 번이고 쉬고 달렸는데 벌써 시골 같은 작은 도시의 입구에 왔다. 금세 목적지에 왔다는 생각이 들 만큼 듀랑코는 인디언 마을 같은 냄새를 풍긴다. 마을 입구에 옛날 서부영화에서 관람했던 인디언의 큰 사진 모습이 커다랗게 세워져 있다.

완전히 관광도시다. 많은 인파가 이리저리 몰려다니며 사진 찍기에 바빴다. 나도 아내를 세워 놓고 때로는 함께 무슨 영화감독과 배우가 된 것처럼 열심히 셔터를 눌러댔다. 여행 분위기에 한껏 취한 아내가 "여행을 다녀오면 사진밖에 남는 게 없으니 열심히 봉사해요."라고 했다. 여행 일정 3박4일 간 아내 말을 어린아이처럼 잘 듣고 잘해주고 싶다는 마음이 스스로 생기는 순간이었다. 이제야 인생 철이 들어가는 것 같다.

숙소에 짐을 풀었다. 어김없이 뱃속에서 꼬르륵 소리를 내면서 시장기와 함께 피곤함이 몰려왔다. 챙겨 온 반찬으로 밥을 지어서 저녁을 때우고 잠깐 밖을 구경하기로 하고 간단한 복장으로, 거리로 나갔다.

파란 하늘에 각기 다른 흰 모양의 구름이 어둠을 준비하는 듯하다. 많은 인파에 섞여서 아무 생각 없이 둘만의 시간을 누리며 걸었다. 아이처럼 아이스크림도 사서 먹고 마켓에 들어가서 옷도 몇 개 샀다. 그런데 깜짝 놀라서 토끼 눈이 될 정도로 가격이 매우 저렴했다. 이런 관광 철을 미리 준비한 듯한 모습이었다.

신혼 때 이후로 처음인 것 같다. 아내와 오랜만에 손을 꼭 잡고 걸었다. 아내가 행복한 표정을 짓고 약간 상기된 모습이었다. 인생이라는 이 친구는 괴짜처럼 아이러니하다. 매일 같이 힘든 날만이 있는 것처럼 우리를 내몰았다. 그런데 오늘처럼 기쁨을 느끼며 행복한 시간으로도 새롭게 연출을 하니 인생이란 알다가도 모를 일이다.

밤새 잠을 설쳤다. 내 까다로운 성품 때문이었다. 어릴 때부터 잠자리가 바뀌면 쉽게 잠을 못 이루는 까다로움이 나에게 있다. 그래도 아내가 즐거워했다. 아내가 행복해하니 여행 일정에 차질을 만들고 싶지 않았다.

아내가 매우 좋아하는 여행 장소가 있었는데 핫 스프링이다. 첫 일정으로 온천에 가기를 원했다. 숙소에서 50분 정도 떨어진 곳에 우레이 온천이 있다. 유황 온천으로 산등성에 가족탕이 많이 있는 야외 온천이다. 워낙 온천욕을 좋아하는 아내여서 물불을 안 가리고 무조건 오케이를 연발하며 매우 즐거워했다. 그런데 문제가 생겼다. 아내가 온천탕에서 밖으로 나오려 하지 않았다. 아니, 뜨거운 온천탕에서 수영하면서 매우 즐거운 듯이 기뻐했다. 그렇게 우리는 배고픔도 잊고 온천탕에서 하루를 보냈다. 금붕어처럼….

작은 도시 주변에는 산세가 매우 높고 험악해 보였다. 쉽게 도전할 만한 곳이 아니라고 직감으로 느꼈다. 이토록 험한 산세이기에 서부 개척 시대에 인디언들이 침략자인 유러피안으로부터 살아남을 수 있지 않았을까 하고 잠시 생각에 잠겨 본다. 푸에블로 인디언이 살았던 절벽 집에 가기 위해 새벽부터 일어나서 여러 가지 준비를 하고 메사베르데 관광 길에 오른다. 국립공원이므로 입장권을 샀다. 그 이후 계속해서 산 정상을 향해 자동차로 산을 오르기 시작했다. 아스팔트 포장이 비교적 잘 되어 있다. 산을 오르면서 주변 경치를 감상하는데 매 순간이 장관이었다. 까마득한 절벽을 내려다보면서 순간적으로 아찔함과 동시에 온몸에 소름이 돋았다. 이 또한 넘치는 스릴을 만끽했다.

안내 표지판을 확인하면서 계속 올라갔다. 잘못 길을 들면 어떻게 하느냐 하면서 역시 나같이 쓸데없는 걱정하며 조바심했다. 그렇다고 관광을 포기할 수는 없는 일이 아닌가. 무조건 정상까지 가자 하고 계속 달렸다.

아차, 웅장한 계곡 건너편에 엄청난 절벽과 함께 절벽 마을이 눈에 들어온다. 슬쩍 아내의 눈치를 살피면서 "와, 멋있다!" 하고 큰 목소리로 힘껏 외쳤다.

그러면 그렇지, 무조건 내 황금 같은 실수, 중간에 건너편으로 갈 수 있도록 표지판을 보고 좌회전해야 했는데 산악 경치에 도취되어 그냥 지나쳤다. 매우 멀어도 건너편에서 보는 것도 괜찮다. 전망대에서 망원 렌즈로 절벽 집을 관찰할 수 있도록 시설이 잘 갖춰져 있었다. 다시금 진로를 결정해야 한다. 매우 아쉬웠지만 차를 다시 돌려서 내려가기로 했다. 그리고 절벽 마을을 찾고야 말겠다는 웃기는 결정을 마음속에 단단히 하며 피식 웃었다. 천만다행인 것은 아내가 아무런 책망을 안 했다.

산 정상에서 내려가는 길도 꽤 흥미가 있었다. 산에 올라가면서 보았던 멋진 풍경과 또 다른 아름다운 풍경을 새롭게 연출했다. '이게 여행의 진미가 아닌가 하고' 어설픈 착각을 했다. 많은 관광 차량이 줄을 만들며 간다. '옳지, 이 길을 따라가면 절벽 마을에 가겠구나'라면서 그들의 뒤를 슬슬 쫓아간다. 이래도 세상살이 미운 눈치 덧밥을 내가 얼마나 많이 먹었는데. 그러면 그렇지, 내 날카로운 예감이 적중했다.

많은 차량이 주차 장소를 가득 메운다. 모두가 인디언 절벽 집에 가려고 하는 무리다. '이들의 뒤만 쫄랑쫄랑 쫓아가면 쉽게 절벽 집에 갈 수가 있을 거야.'라는 생각이 퍼뜩 든다. 단체로 여행을 온 한 무리가 절벽 집을 향해 출발한다.

아내와 나는 그 뒤를 민첩하게 쫓았다. 절벽 집에서 인디언만이 오르내렸던 길, 매우 협소하고 가파른 꼬부랑 길이 매우 위험스럽다. 몇백 년 전의 이 길을 오르내리던 때는 더욱더 위험했으리라 생각해 본다. 그런데 아이러니한 것은 이 길이 위험하면 위험할수록 그 당시의 인디언들의 생존 확률은 더 높았으리라 조심스럽게 생각하며 고개를 끄덕끄덕해 본다. 자기들의 후손을 위한 인디언의 지혜와 결단력을 새삼 존경하는 마음이 가득 차오른다.

지금의 언어로 말한다면 거대한 동굴 마을이다. 그 당시는 기계화된 세상이 아니라 모든 것을 손으로 직접 땅을 파고 맨손의 노동력으로만 절벽에 세운 엄청난 마을이다. 지금은 하늘을 찌를 것 같은 초고층 빌딩을 일백 층 이상 짓고 있다. 난 감히 견주어 본다. 인디언의 절벽 집 건축 솜씨는 오늘날의 초고층 빌딩 건축 수준에 절대 뒤지지 않았다.

감탄의 탄성 속에서 인디언 절벽 집을 감상하고 숙소로 발길을 되돌렸다. 즐거움과 기쁨도 컸지만 마음 한편에는 아쉽고 안타깝다. 인디언을 향한 측은함으로 마음이 무겁다. 내 마음속에 인디언을 향한 연민의 정이 꿈틀거렸다. 숙소로 돌아오는 동안 우리는 아무 말도 하지 않고 침묵으로 돌아왔다.

벌써 내일이면 집으로 가야 한다. 내일의 일정을 확인하면서 길 떠날 준비 하는데 집으로 가는 경로 중에 '파고사'라는 도시를 거쳐서 가야만 했다. 그런데 '파고사'에 소문난 온천탕이 있다. 아내가 꼭 들러서 또다시 온천욕을 하고 싶다고 했다. 설득할 수 없을 정도로 고집을 피운다. 내가 여행길에 무슨 힘이 있는가. 오케이 하면서 아내와 약속했다.

아침 일찍 출발을 서둘렀다. 집으로 오는 중간쯤 '파고사' 스프링스에서 온천욕을 했다. 스프링스 앞에 강같이 흐르는 물이 제법 물살이 세다. 빠른 물살의 강물을 타고 내려오면서 카약을 즐기는 젊은이들이 보였다. 온천욕도 즐기면서 젊은이들이 신나게 카약을 타고 있었다. 그들과 함께 감히 생각만으로 스릴을 느껴보았다.

이번 우리 부부의 여행은 매우 성공적이었다. 모처럼 만에 아내와 함께 알토란 같은 여행을 즐겼다. 그동안 인생 살아오면서 여행이라면 떫은 감을 먹는 것 같았던 내 마음이었는데 이번 여행을 통해 북극의 만년 빙하가 녹아내리듯 여행에 대한 내 마음의 편견을 깨끗이 청소되었다.

이번 같은 기회가 오면 또다시 아내와 함께 여행을 기쁨으로 다녀오리라 하면서 슬며시 마음에 새끼손가락을 건다.

창밖엔 진눈깨비가 내리고

지난밤, 암흑의 밤을 깨뜨려 버릴 것 같은 폭풍우가 세차게 문틈을 후벼팠다. 그렇지 않아도 잠을 설치고 뒤척이는 날이 부쩍 늘어난 요즈음의 내 마음 형편이다. 딱히 이것이다 하는 아픔을 집어낼 수는 없지만 그냥 온몸이 또 전쟁 중이다.

난 밤이 매번 무섭다. 창밖에 펼쳐지는 어둠이 내리는 숲을 무심결에 바라보는 내 눈이 이제는 온몸으로 몸서리를 친다. 세찬 비바람을 맞으며 숲 턱 나무 곁에 쪼그려 앉은 산토끼를 엉겁결에 바라본다.

"어찌 너는 나를 닮았니? 어디 오고 갈 데가 없어서 비바람에 꼼짝도 못 하고 큰 눈망울만 껌뻑이고 있니? 어디론가 달아날 줄 모르는 내 마음과 똑같네."

비바람 섞인 새 밤이 시작하려 한다. 한낮을 엉겁결에 다 보내고….

그렇게 서성거리며 보낸 밤도 새날이 밝아온다. 밤새도록 파수꾼 되어 어두운 사방을 비추던 가로등도 몹시 피곤한 듯 휘청거리며 쉼의 시간을 애타게 찾는다. 붉은 햇살을 동반하여 힘 있게 솟아나지 못하는 동쪽 하늘의 형편이지만 그래도 겹겹이 싸여있는 비구름을 힘 있게 밀어내고 있다. 그리고 속삭이듯 말한다.

"아침이야. 자 이제 잔뜩 구부러진 허리 펴고 일어나야지."

그러나 아직도 창밖은 실비와 함께 때늦은 눈이 섞여서 지치지도 않은 듯이 오고 있다.

창밖은 진눈깨비 내리는 궂은 날씨지만 휘파람 불면서 외출 준비에 아내와 함께 바쁘게 시간을 훔친다. 급하게 몰아가며 도착한 곳은 5060 청년 운동회이다. 벌써 많은 한인회원이 운동회장을 붐빈다. 감사하게도 간단히 준비된 아침 식사와 함께 5060 시절(그 당시의 초등학교 운동회 행사에 참여했었던 시니어 학생)을 위해서 각종 준비된 청년 운동회를 시작한다.

5060 청년 운동회답게 사회자는 국민의례로 운동회를 시작한다. 단 위에 게양된 태극기에 대하여 경례에 이어서 애국가를 전원 합창으로 4절까지 큰 목소리로 부른다. 자신들도 모르게 목소리가 커진다.

얼마 만인가. 우리 육신의 조국인 대한민국에서 살아가며 학교생활을 할 때와 군대에 복무할 때를 지나서 너나 할 것 없이 수십년 만에 공식적으로 부르는 내 조국의 애국가이다. 나도 모르게 마음이 격한 감동을 만들면서 눈시울마저 뜨거운 눈물로 채워진다. 누가 뭐라고 해도 내 육신의 고향 나라를 기억하는 내 마음속 아쉬움의 눈물이다. 금수강산이 몇 번 변할만한 오랜 시간 동안 체류하고 있는 이민자의 땅에서 이방인 되어 내 마음 한편에 묻어둔 내 나라를 가득 느껴본 그리움의 눈물이다.

내 사랑하는 형제자매를 두고 온 고향 나라를 향한 향수에 취한 설렘 가득한 눈물이다. 모든 시니어가 비바람도 아랑곳하지 않는다. 깊은 주름살 이마에는 청팀, 백팀의 띠를 힘 있게 두르고 힘껏 뛰기 시작한다. 모두가 한마음이 되어.

그 누가 이들의 시간을 빼앗을 수 있는가. 청, 백팀으로 편을 나누어 갈라져서 응원에 힘을 쏟아 목청껏 소리를 지른다. 힘찬 응원의 박수와 하늘까지 닿을듯한 함성. 옛날 개구쟁이 시절에 했던 게임, 게임마다 자지러지는 함박 웃음소리. 정말로 5060 시절의 운동회로 시간 여행을 한 것 같은 흥분의 도가니로 점점 빠져든다. 모두 배를 붙잡고 웃다가 지쳐서 허기가 진 배를 움켜잡을 때 침이 꿀꺽 넘어가는 점심 뷔페로 눈이 어지러워진다.

평상시에 생각하지 못했던 5060 시절 맛있게 먹은 음식이다. 게임에서 승리하며 받아 저축한 황금 토큰으로 음식값을 계산하며 한 상을 근사하게 두 손에 받아 든다. 김밥, 군만두, 어묵꼬치, 뿌링클 치킨, 떡볶이, 꽈배기, 찹쌀 도넛, 그리고 노란 양재기와 빼놓을 수 없는 쌀막걸리 등등. 배가 터지도록 게걸스럽게 먹고 또 먹는다.

빼놓을 수 없는 일로 옛날이야기에 정신없이 침을 튕긴다. 이게 웬 횡재이고 복인가. 또다시 오후 게임을 하며 힘차게 웃고 또 웃는다. 모든 시니어가 자기 팀의 승리를 위해 엄청난 승부의 마음을 보였다. 그러나 오늘 5060 청년 운동회는 내가 속한 청팀의 승리이다. 각종 게임을 하면서 챙긴 선물 보따리를 가슴에 잔뜩 안고 아쉬운 이별을 한다. 서로서로의 손을 잡고 건강을 기원하는 사랑의 마음을 서로에게 전하며 아쉬운 이별의 손을 흔들며 발길을 돌린다.

온종일 창밖에 뿌리는 심술꾸러기 진눈깨비가 아직도 차 창밖을 어지럽게 만든다. 햇빛 없는 하늘을 잿빛으로 물감칠하고 먼 산을 아예 볼 수 없게 감춰버린다.

그래도 나를 품은 차는 열심을 내며 내 집을 향해 기쁜 듯 달리고 또 달린다. 가만히 눈을 감고 조국을 떠나 쉼 없이 벅차게 이민자의 삶으로 달려왔던 내 인생 지난 시간을 마음에 잠시 떠올려본다. 삼십 년 전이다. 미국이라는 낯설고 물설었던 이방인의 땅에 온갖 두려운 마음 가득 채워서 두 발을 조심스레 들여놓았다.

오직 어린 남매의 밝은 미래를 위한다는 명분으로 시작된 내 나름의 결단이요, 가족 이민 대장정의 시작이었다. 서투른 계획 속에 시작한 미국 이민 생활은 많고 많은 온갖 문제를 그동안 숨 가쁘게 넘어가도록 했다. 끊임없이 삶 속에 밀어닥치는 힘에 겨운 고난으로 말미암아 혼비백산 된 수없이 많은 아픈 마음은 모두 내 인생 시간 속에서 지울 수 없는 깊은 상처를 내버리기에 아까운 듯이 마음속 장롱에 겹겹이 꼭꼭 숨긴다. 뭐가 그렇게 아깝다고….

세월 나이 먹어 가며 하루하루 살아가는 이방인의 인생 순례길은 쉽지 않은 삶이다. 미국 회사에서 하청받아 다시 납품하는 공장을 설립하여 아주아주 열심히 일하고 있었다. 내 나름으로는 이민의 삶에 잘 적응하며 매우 만족스럽게 하루하루의 일상을 잘 보내고 있을 때 난 응급차에 탈진과 고통의 몸을 맡기고 대학병원 응급실을 향해 달려갔다. 대장암 말기라는 믿기지 않는 엉터리 같은 의사의 소견을 아내와 함께 듣는다. 이 세상 어떤 누구라도 나를 붙잡지 못하는 육신의 죽음 앞에 나 홀로 세워진 것이다.

내 앞에서 펑펑 눈물을 쏟는 자식들을 오히려 내가 위로하는 엄청난 현실 앞에 거꾸로 세워졌다. 세 차례에 걸친 대수술과 고통스러운 항암 치료를 잘 견디고 대장암이 완쾌됐다. 그 이후 암 투병을 위해 세상살이의 수고와 슬픔에서 은퇴 선언했다. 그런데 엎친 데 덮친다는 옛 속담이 있는가. 아내와 함께 새벽 기도를 가는 도중에 교통 신호를 무시한 차량과 충돌했다. 나는 열 시간이 넘는 수술과 삼 일째 되는 날에 코마 상태에서 깨어났다. 그 이후 수없이 많은 시간을 교통사고 치료와 후유증으로 인한 우울증과 공황장애의 공포를 치료하는 재활치료에 내 삶의 모든 시간을 할애하며 몸부림쳤다.

2025년 1월 2일, 그날도 주체할 수 없이 두근거리는 마음을 간신히 진정시키며 UC HEALTH 암 센터에 방문했다. 왜냐하면 내 몸속에서 발생할 수 있는 암 전이 유무를 확인하기 위해 정기적으로 만나는 암 전문 의사와의 면담 시간이다.

며칠 전부터 힘들게 했었던 여러 가지 검사의 결과를 암 전문 의사에게서 듣고 만약 암세포 전이가 생겼다면 새로운 항암 치료를 결정하기 위한 정기적인 만남이다. 매번 겪는 일이었지만 불안함으로 가득 채워진 두근거리는 마음으로 암 전문 의사와 마주해 앉았다.

그 자리에서 나는 암 전문 의사로부터 기적 같은, 아니 내 귀를 의심하는 핵폭탄 같은 엄청난 이야기를 들었다. 암 환자가 최대한으로 살 수 있는 '5년의 암 생존율'을 내가 무사히 넘겼으므로, 암 전문 의사이며 내 주치의 자신이 'CANCER FREE'를 선언해 주겠다는 선포를 내게 말했다. '이제 더는 암 병동에 오지 않아도 된다.'라는 의사의 선언은 매우 갑작스럽지만, 터질 것 같은 감격으로 심장이 멈추는 것 같았다. 내 두 눈은 감격의 반응으로 끊임없이 쏟아지는 눈물을 하염없이 흘리고 있었다.

아직도 그칠 줄 모르고 힘없이 내리는 차 창밖의 진눈깨비를 바라본다. 그리고 난, 새로운 인생을 시작하게 하신 하나님께 마음속 깊은 감사와 찬송의 기쁜 마음을 갖는다. 지난밤의 힘들었던 마음을 기쁨의 춤사위로 훌훌 떨쳐낸다.

아, 캉쿤이다

30년의 이민자 삶은 쉽지 않은 인생의 여로를 만들게 했다. 숱한 우여곡절 속에서 이 길 저 길을 드나들면서 정말로 험난한 인생길을 겪어내야 했다.

'대장암'이라는 죽음의 길 앞에도 홀로 세워졌다. 교통 신호를 무시한 차량에 내 차가 충돌되어 몇 초를 다투는 응급 수술 끝에 생사의 갈림길에 세워진 3일 동안의 '코마' 상태에도 있었다. 그렇지만 내 하나님이 강하신 오른팔로 꽉 붙잡으신 의료진의 헌신적인 치료와 정성껏 돌봄의 덕택으로 내 생명을 건졌다.

긴 시간을 거치며 데이케어에 어설픈 내 두 발을 놓았다. 또 다른 나 자신의 회복과 재활을 위함이다. 데이케어는 암 투병 속에서 교통사고로 말미암아 찾아온 반갑지 않은 손님으로 우울증과 공황장애가 내 마음에 동시에 왔기에 출석하게 된 것이었다. 그런데 데이케어는 내 삶 속에 웃음을 잃어버리고 눈물로 훌쩍거리며 절망감에서 몸부림치던 나에게 새 삶의 새 웃음을 회복하는 계기를 마련해 주었다. 시니어 데이케어는 한인 사회에 연로하신 노인의 건강한 삶을 위해서 건강 서비스를 제공하는 단체이다.

데이케어에 소속된 지 팔 개월 만에 '멕시코 캉쿤'으로 아내와 함께 여행을 갔다. 그것도 강산이 몇 번 변할 때 가는 부부 여행이다. 그동안 세상 삶에 파묻힌 시간은 여행을 즐길 여유도 없이 시니어가 되어 버린 우리 부부에게는 캉쿤 여행이 황금 같은 기회였다.

여행 발표가 있던 그날, 나는 넘치는 기쁨 속에서 일등으로 등록했다. 그렇지 않은가. 모든 일정을 데이케어가 제공하는 완전한 보호와 안내를 해준다. 또 엄청나게 저렴한 여행 경비로 캉쿤을 다녀올 기회를 붙잡는 것이었다. 우리 부부가 이 기회를 놓칠 수 있었겠는가.

우리 부부는 예쁜 원앙새가 되어 내일 새벽에 덴버 국제 공항을 통해 멕시코 캉쿤에 여행을 간다. 오늘 밤은 쉽사리 잠이 올 것 같지 않다.

옛날, 옛적에 아내와 함께 신혼여행을 떠날 때의 그 형용할 수 없었던 그 기분을 지금 나는 마음껏 만끽하고 있다. 내일 새벽에 픽업하겠다는 메시지를 받았다. 이게 웬 떡인가. 그러면 입만 갖고 갈 수 있는 게 아닌가. 내게도 이런 행운이 오는가.

완전히 밤잠을 설치고 새벽부터 시계를 열심히 보고 또 본다. 왜, 이렇게 픽업한다는 시간이 늦게 오고 내 마음은 조급하게 설레는지 나도 모르겠다. 드디어 간단한 출국 수속 후에 UNITED AIR 비행기가 앞바퀴를 힘차게 땅에서 들어 올리고 비행기는 구름 위로 성큼 올라 날기 시작한다. 얼마나 멋진 비행인지. 곧이어 기장이 안내 방송한다. "약 3시간 16분이 소요되고 캉쿤의 기온은 80 ~85F." 모든 게 마음을 설레게 한다. 구름밖에 보이지 않는 유리창 밖을 어린아이처럼 턱을 괴고 줄곧 창밖을 내다보았다.

드디어 바다가 보이기 시작한다. '카리브해'이다. 말로만 듣던 '카리브해'를 내가 감히 하늘에서 내려다보면서 통과하고 있다. 넘실대는 파도가 눈에 들어온다. 그 황홀한 마음을 어떻게 표현할 수 있을까. 바다 구경한 것이 몇십 년 된 것 같다.

REAMS JADE RESORT & SPA에 여행 짐을 풀었다. 완전한 오성급 호텔이다. 안락하고 깨끗한 실내와 에어컨 시설 무엇 하나 흠잡을 것이 없는 편안한 호텔이다. 우리 부부가 꼭 신혼여행을 온 것 같은 착각이 들 정도이다. 늦은 점심을 먹기 위해서 뷔페식당을 찾았다. 각종 음식이 가득가득 차려져 있다. 무엇부터 먼저 먹을까 하고 망설일 정도로 맛있게 보인다. 식욕을 느끼며 입맛이 돈다. 매우 놀란 일은 무한대 리필이다. 가격이 없다. 언제든지 배고픔을 느끼면 와서 먹고 또 먹을 수 있다. 오직 약간의 팁을 주면 모든 게 끝이다.

SEA FOOD 식당도 있다. 멕시코 전통 식당도 있다. 이탈리아 식당, 카페에서 커피와 빵을 무한대 먹을 수 있다. 십여 개의 칵테일 바, 그 외 더 많은 식당이 있지만 모두 무료다.

나는 지금껏 살다가 이런 것은 처음 경험한다. 도무지 믿을 수 없는 수수께끼 같은 색다른 여행경험을 하고 있다.

작은 배를 잔뜩 불린 후에 모두가 카리브해가 보이는 수영장으로 갔다. 80세에서 95세까지의 시니어라고 할 수 없는 모습의 시니어들이 수영복 차림으로 수영장에 뛰어든다. 아니, 놀랍게도 모두가 물개이다. 주변에 있던 외국인들이 슬슬 자리를 비켜준다. 너무나 행복해하는 시니어들의 웃음소리를 들으면서 나도 행복한 마음을 주체하지 못한다. 이게 정말로 진실하게 사람 살아가는 모습이 아닌가.

그저 높은 하늘 쳐다보며 하나님께 감사할 뿐이다. 카리브해 수평선 끝자락으로 해가 붉게 넘어가는 시간이 되자 전기 기타 반주에 맞춰서 노래하며 춤추는 시간으로 빌딩 속 광장에서 쇼가 벌어진다.

그런데 이게 웬일인가. 자랑스러운 시니어 용사들이 춤판을 접수했다. 날렵한 골반 춤으로 노익장을 과시하고도 남는다. 시니어들이 얼마나 흥겹고 신나게 춤판을 벌이는지 외국인이 감히 춤판에 뛰어들지 못한다. 음악은 더 힘차게 광장에 울려 퍼진다. 지치지도 않고 춤을 신나게 추는 모습이 너무나도 멋지고 아름답다. 외국인 여행객의 응원 함성과 힘찬 박수가 우렛소리와같이 빌딩 광장이 좁은 듯이 널리 울려 퍼져나간다.

새벽의 시간이다. 우리 부부는 아침 일찍 일어나서 카리브해 해

안가 모래사장으로 나간다. 바다 냄새가 물씬 난다. 미역 냄새 같은 향기가 코끝을 향긋하게 자극해 온다. "오, 행복해"하는 감탄이 저절로 입에서 나온다. 신발을 벗어 두 손에 들고 낮의 뜨거운 열기를 식힌 찬 모래를 밟으며 나란히 걷는다. 밀가루 반죽 같은 고운 모래가 주는 촉감은 너무나 감촉이 좋아서 우리 부부는 행복한 마음이 넘쳐난다. 인생 부끄러운 이야기를 한다. 이민자의 삶을 살다 보니 이런 삶의 행복을 느끼는 것이 처음이다. 그동안 쉼 없이 벅차게 일하기에 바쁜 시간을 보냈다. 나는 깜짝 놀라서 "세상 사람들이 이렇게 살아가는 사람도 있었구나. 그런데 왜, 나는 이 행복을 모르고 살았지?" 하며 내 마음에 어설픈 질문을 하고 또 한다.

  매번 다른 식당에서 식사할 수 있도록 스텝들이 열심히 식사를 주문한다. 우리는 그저 입만으로 행복한 맛을 음미하면서 서로서로 사랑을 몸소 느낀다. 이번에는 개구쟁이가 된 시니어들이 바닷가에 나와 파도에 온 몸을 던진다. 집채만 한 파도가 치는 모래사장이 자신의 안방처럼 털썩 주저앉는다. 개구쟁이처럼 어찌나 재미있게 노는지 시니어들의 얼굴에서 기쁨이 뚝뚝 떨어진다. 옆에서 부러운 듯이 보고만 있었던 나도 슬그머니 시니어들과 함께 합류해 본다.

어느 권사님의 소천

일주일에 5일을 출석하고 있는 데이케어 공동체에서 몇 년 동안 한솥밥을 함께 먹고 웃으며 기쁨과 슬픔, 즐거움과 고통을 함께 나누고 있다. 그런데 오늘 아침, 형제처럼 다정하게 지내던 권사님이 소천 소식을 접했다. 어제도 함께 웃으며 담소했는데 어처구니없는 세월의 시간이 토설해 놓은 짓궂은 장난처럼 깜짝 놀라움으로 가슴이 철커덩! 힘없이 내려앉는다.

"인생이라는 거친 수레바퀴는 한결같지 않고 굴곡 된 삶으로 덧없다."라는 의미를 품고 있는 사자성어인 '인생무상'이 내 마음의 한복판을 거세게 두들겨 패댄다. 아니, 호흡을 멈출 것 같은 순간적 혼란 속 쓰라림의 아픔이다.

"헛되고 헛되며 헛되고 헛되니 모든 것이 헛되도다."(전1 : 2)라고 인생 황혼기를 맞아들이는 덧없는 세월 시간을 향해 마음 짙게 노래했던 솔로몬왕의 애끓는 큰 외침을 곁에서 듣는 것 같다. 도대체 어떤 생각과 마음의 무슨 표현으로 내 심중을 정확히 표현할 수 있으랴. 오직 높디높은 하늘을 우러러보며 온갖 모양을 만들어 내면서 쉼 없이 흐르는 솜털 같은 흰 구름을 순간 놓칠 듯이 이리저리 쫓으며 허탈한 모습으로 철퍽 주저앉는다.

하늘도 고통스러운지 며칠째 해를 감춰버리고 진눈깨비를 동반한 겨울 소낙비를 땅 위에 힘껏 뿌려댄다. 그것도 부족한 듯이 세 찬 강풍을 곁들여 휘몰아치며 땅의 모든 것을 마구 흔들어댄다.

 내 마음의 형편이 이럴진대 유가족의 마음은 얼마나 상심 될까? 하고 깊은 상념에 스스로 빠져버린다. 또 소식이 왔다. 고인에 대한 천국 환송 예배에 관한 소식이다. 검은색의 정장을 간단히 차려 입고 절대로 빠뜨려서는 안 되는 조의금을 안주머니에 깊이 챙겨 넣고 아침 일찍 문밖을 나선다.

 높은 하늘에서 밝은 해가 힘센 용사처럼 너털웃음을 웃는다. 잿빛 하늘을 말갛게 지워버렸다. 모든 매 순간은 창조주의 계획된 영원한 때에 속한 것이라는 믿음의 확신 속에 회원들과 함께 천국 환송 예배의 자리에 앉는다. 엄숙한 분위기가 모두의 입을 틀어막고 고요한 정적이 흐른다. 비좁은 마음을 나무라듯 시간은 아직 넉넉하게 여유를 부리며 분침과 초침을 열심히 움직인다. 모니터에서는 고인의 생전 모습이 비디오로 재생되어 여러 모양의 내 마음이 천둥번개가 되고 한여름 소낙비가 되어 힘차게 쏟아진다. 고인이 출생한 때의 예쁜 모습에서 시작되는 비디오가 점점 어른으로 성숙하고 있는 모습을 화면 가득 그린다. 손주 손녀의 출생을 기뻐하며 화사하게 웃는 웃음으로 품에 갓 태어난 아이를 꼭 안고 있는 모습이 매우 인상적으로 내 마음을 후벼 파고든다. 이토록 아름다운 한 사람의 인생 모습이 이렇게 생동감 있는 변모 가운데서 얼마나 많은 세상 삶의 고뇌와 질고의 불시험을 통과 했을까? 하고 깊은 상념 속에 빠져들면서 한 장면 한 장면을 마음에 담으며 아픈 마음을 추스려 본다.

하지만, 이 땅 위에서 겪는 생사화복의 때를 복으로 누리며 자손들과 함께 나눴던 한 개인의 인생 이야기를 마감하고 소천하신 분의 개인사 마감을 아직도 믿을 수 없는 내 마음은 멍해진다.

"아, 슬프도다. 사람은 입김이며 인생도 속임수이니 저울에 달면 그들은 입김보다 가벼우리로다."(시62 : 9)의 말씀이 진리다. 정말로 맞는 진리다. 이 세상 누구도 예외가 없는 슬프기도 하고 기쁘기도 한 외나무다리 외길이다. 한번 들어선 소천의 길은 되돌려서 다시 돌아올 수가 없는 인생 최후의 막다른 길이다.

나는 오늘 내 생명 되어 이 땅 위에 두 발을 딛고 서 있는 내 모습을 물끄러미 바라보면서 하나님께 감사한 마음이 가득하게 내 마음을 채우는 아이러니를 체험한다. 또한 내게 계수되어 남겨진 날이 하나님 나라 삼림 속에 하늘을 닿을 듯 우뚝 솟은 고목처럼 겸손하고 온유하며 이웃 사랑하면서 살고 싶은 간절한 내일의 소망을 품는다. 찬송과 함께 시작한 천국 환송 예배가 아쉬움 속 끝맺음 하며 구석구석에서 숨죽인 울음의 흐느낌이 터뜨리지 못한 가슴앓이를 한다.

유가족과 인사를 나누는 순서가 안내 방송으로 나온다. 순간 나는 마음이 함몰하며 침묵의 입술이 되어 전전긍긍한다. 무슨 인사말로 유가족을 위로할 수 있을까? 하는 마음의 소용돌이에 빠져서 아무런 해답을 찾지 못한다. 내 차례가 된다. 갑작스럽게 아내를 하늘나라에 보내놓고 얼마나 많은 비통의 눈물과 몸부림의 시간을 보냈는지 퉁퉁 부은 얼굴의 모습으로 내 손을 꽉 붙잡는 형제의 모습이 너무 처연하기에 안타까움에 숨이 멎는 것 같다.

  결국 단 한마디 위로 말을 전하지 못하고, 오직 두 손으로 그의 손을 움켜잡고 망부석이 된 것처럼 그 자리에 우뚝 서 있을 뿐이다. 얼마의 시간이 흘렀는지 모르는 몽롱한 순간에 슬며시 나를 밀어내는 손길을 느끼고 다음 순서의 사람으로부터 밀려났다. 엉겁결에 많은 유가족과 인사를 나누고 황급히 밖으로 나섰다.

  절대로 겪고 싶지 않은 순간이었다. 그런데 어떡하나. 이게 인생을 살아가는 삶의 한순간이다. 너무나 아픈 마음을 주체하지 못하고 있는데 다음 순서가 기다리고 있다.

"모든 육체가 다 함께 죽으며 사람은 흙으로 돌아가리라."
(욥 33:6)

  하관식이다. 영혼이 떠난 육신이 영원히 땅에 묻히고 흙으로 돌아가는 창조의 위대한 섭리인 흙으로의 귀환이다. 이 땅 위에서 육신의 마지막 순간이며 평생의 생명이 되었던 순간을 통해서 아끼고 뜨겁게 사랑하며 함께 울고 웃었던 가족, 형제, 친지들과의 마지막 땅 위에서의 최후 이별의 시간이다. 고인의 특이했던 평상시 모습이 눈앞에 아른거린다. 하관식 예배 참석에 대해 나 자신이 어떻게 해야 하나. 망설임과 땅속 깊이 내려가는 고인의 하관을 차마 볼 수가 없는 깊은 두려움이 고통이 되어 가득히 몰려온다. 나는 끝내 하관식 예배 참석을 포기하고 무거운 발걸음을 돌린다.

하나님의 부르심을 받은 고인의 소천을 마음에 품고 일상의 삶으로 돌아왔다. 그러나 쉽게 고인을 잊을 수 없다. 하지만 하나님의 품에 안긴 영광된 고인을 떠올리며 고인을 위해 두 손을 모아 하나님께 축복의 기도를 한다.

태평가와 막춤

세상의 시간표가 허리케인 폭풍우 비바람으로 한반도 조선을 삼켰던 암흑의 때다.

백두산과 한라산의 맑은 민족정기로 우뚝 세워진 나라 한반도 조선의 땅이 사정없이 흑암에 깊이 감춰진다. 세상 속 바닥 인생

민초들의 한 맺힌 인생 소리가 비바람 낙엽 되어 이리저리 마음대로 나뒹군다. 바로 일제 강점기에 민초들이 지어서 한이 되어 불렀던 「태평가」라는 경기 민요이다.

세월 나이 먹고 세상에 힘이 빠져 데이케어에 몸과 마음을 담았다. 풀 방구리에 다람쥐 드나들 듯 몇 해의 긴 시간을 내 집처럼 드나든다. 시니어들과 함께 개구쟁이가 되어 보란 듯이 내 인생 개그를 한다. 그동안 온갖 인생 상처로 마음 가득히 찌들었던 내 슬픈 세월의 나이테이다. 하지만 언제부터 시작되었는지 모르는 행복한 마음이 용기 있게 내 마음을 가득가득 채운다. 또한 세상의 숱한 비바람에 굳세게 슬픔을 딛고 일어선 많은 인생 노병이 수다스럽게 기쁨으로 담소하며 숟가락을 마주놓고 앉아 웃으면서 게걸스럽게 맛있게도 먹어 치운다.

세상 시간을 꿀떡 삼키려는 듯 높이 달린 스피커가 팍팍 깨진다. 빽빽이 들어선 시니어 젊은 인생 청춘들이 오랜 세월 동안 주눅든 어깨 위로 힘껏 올린 팔을 뒤틀며 춤사위를 뽐낸다. 트로트로 편곡되어 모진 세월을 그나마 훌쩍 넘겨서 새 옷을 갈아입은 태평가이다. 모든 시니어의 무거운 인생 발짝을 산토끼처럼 깡충깡충 뛰게 한다. 짧은 팔을 어깨 위로 휘저으며 입술은 목청을 의지하고 목이 터지라 소리친다. 춤사위에 끼어들면 들수록 흥이 더 돋는다.

"아따 모르겠다." 마음껏 흥 오른 춤사위가 제멋대로 박자 잃은 목청과 섞여 흥겨움을 더한다. 나도 모르게 팔 걷어 올리고 힘껏 몸을 비틀며 목을 젖혀 열창한다. 덩실덩실 봄 바람난 각시처럼 흥겨움에 빠지는데, 느닷없이 마음 가득 떠오르는 얼굴이 있다. 내 어릴 때 아버지를 내 모습에서 본다. "아니 내가 벌써 그렇게 되었어?" 하고 옆구리가 툭 터진다. 트로트가 창이 되고 길게 늘어진 어깨춤이 내 아버지를 빼닮았다. 역시 나는 내 아버지를 유난히도 닮은 어쩔 수 없는 내 아버지의 국화빵이다.

금수강산이 돌아앉아 새싹이 나 우거져 낙엽 지고 흰 눈이 온 누리에 내리기를 환갑도 훌쩍 넘은 것 같다. 한국 신사의 멋이 철철 넘쳐흐르던 내 존경하는 아버지를 죄송하지만 웃음 섞인 기쁨으로 소환해 올린다. 아버지의 십팔 번이 태평가이다. 평소에 창을 즐겨 부르시던 아버지는 막걸리 한 사발도 채 마시지 못하신다. 그리고 창이 되어 방안을 구성지게 넘쳐나는 태평가 운율을 힘껏 태운다. 작은 소반 상에 둘러앉은 아버지, 막걸리 친구인 아내와 막내아들이 어깨를 들썩이며 자동으로 몸을 일으킨다. 일 년 열두 달 코가 뾰족한 흰 버선을 신은 어머니는 태평가 춤 장단에 맞춰 흥겹게 덩실덩실 춤을 춘다. 호롱불 켜놓고 아버지가 창을 하고 어머니와 어린 개구쟁이였던 내가 함께 추는 춤사위는 정말로 환상적이다.

지금 생각해 보면 그렇게 아버지는 인생 삶의 무거운 무게를, 태평가를 부르고 아내와 개구쟁이 막내아들이 아무렇게나 추는 막춤의 춤사위로 허허 웃으며 세상의 온갖 고뇌를 훌훌 털어 내시곤 했다. 그때 배운 막춤의 실력이 오늘 멋진 내 막춤이다.

"얼싸 좋아 얼씨구 좋다." 이제 내 차례인가 보다. 아버지보다도 더 많은 세월을 이 땅에서 이방인이 되어 벅찬 숨을 쉰다. 오늘도 아름다운 꽃 한 송이 피우려고 힘겹게 온몸을 불태운다. 세상 어디 쉬운 일이 있는가.

나는 오늘도 아내와 함께 숨 가쁘게 데이케어로 뛰어간다. 젊디젊은 강사가 태평가로 홀 안에 가득 찬 시니어의 발걸음을 꼼짝하지 못하도록 꽉 붙잡는다. 왜일까. 태평가 창이 트로트로 멋있게 편곡되어 신나고 경쾌한 리듬으로 태평가를 뿜어내기 때문이다. 벌써 흥이 마음껏 오른 듯하다. 젊은 인생 노병들은 어깨에 힘 빼고 온몸으로 손뼉 치며 덩실덩실 춤춘다. 어깨 위로 올린 두 팔을 예쁘게 비틀고 팔다리를 가볍게 들었다가 놓으며 정성 들여 율동한다. 너무나 멋지고 행복한 모습이다.

인생이 뭐 별거인가. 맛있게 먹고 마시고 즐겁고 기쁘게 뛰어놀다가 기뻐 울면서 빈손 들고 왔던 곳으로 기뻐 웃으면서 빈손 들고 되돌아가는 게 인생 약속 아닌가. 그게 이 땅에 온 인생 내 몫이다. 아니 그게 인생 하늘 선물이다. 수고와 슬픔의 인생 살아내면서 세상 걱정 많이 했다고, 세상 염려 많이 했다고, 세상 욕심 많이 냈다고, 하늘은 절대로 인생 면류관을 그냥 주지 않는다. 그렇다고 세상에서 잘못된 곁길로 빠져 망쳐버린 인생길을 가르쳐 주려고 또다시 이 땅에 나를 데려올 사람은 없다. 믿음의 선조들이 가르쳐 준 모습이 지금 내 모습이다.

옛날에는 정말 몰랐다. 철딱서니 없이 바보처럼 사는 게 산삼 보약보다 더 좋은 것인지를 진정 몰랐다. 애써 힘든 시간이 내 인생 정답인 줄 미련스럽게 착각하며 숨 가쁘게 살았다. 그래서 앞만 보고 쉼 없이 달렸다. 그런데 죽음 앞에 서보니 그게 아니더라. 이제는 세상 근육에 힘 빼고 선한 인생 근육에 힘 부치려 한다. 혹시나 하고 망설이며 바람 잡는 헛수고로 로또 같은 세상 낙, 세상 근육 만들기 위해 세상 욕심부리지 않으련다. 엄마 찾아 삼만리라고 굳은살 통증이 되어 아파도 하늘나라 가는 선한 꿈길 찾아 태평가를 부르며 막춤 추면서 가고 싶다. 오늘을 놓치면 어제는 물론이고 내일도 놓친다.

태평가를 수없이 되새기며 마음속에 음미해 본다. 노랫말 하나하나 속에 숨겨 놓은 가락에 내 마음을 싣는다. 그냥 무심하게 넘길 수 없는 민초들의 비범함에 오히려 내 마음이 쓰리고 아프다. 이제야 내 아버지 어머니의 마음을 조금 알 것 같은 만년 철부지가 무릎 꿇고 고개 떨구어 깊은 고민에 빠진다.

내 어릴 적 아버지가 기쁨의 눈물 뿌려 부르시던 태평가이다. 흰 옷을 즐겨 입던 우리 민족의 창이다. 비록 몸은 이방인 땅에서 가쁜 숨 몰아쉬지만 내 마음은 내 조국 내 땅의 부모 형제를 한시도 잊지 못하고 그리워한다.

나이아가라 폭포에 가다

며칠 동안 내 가슴 설레며 꿈꾸던 여행길에 오른다. 어젯밤 잠을 하얗게 설치고 이른 새벽부터 종종걸음으로 온 집안을 왔다 갔다 한다. 누가 기다려 주는 것도 아닌데 내 마음은 길 떠날 채비로 분주하다. 못해 온통 어수선하다. 순간순간이 끊임없이 펼쳐지는 일상의 삶 속에서 내 힘든 육신을 뉘고 일으키던 안락한 집을 떠나는데 무엇이 그렇게 좋은지 입가에는 연실 웃음의 미소가 끊임없이 번진다.

왜, 지난날의 내 인생 시간은 오늘 같은 즐거움을 멀리하게 하고 바쁜 일상으로 몰아가며 살아가게 했을까. 그렇다. 세상 삶을 살아가는 모든 일은 다 때가 있음이라. 그냥 세상에 왔다가 어영부영 살면서 세상 시간을 막연하게 소비만 잔뜩 하다가 왔던 곳으로 힘없이 돌아가는 것이 아니다. 매 순간순간에 진실함으로 세상을 살아야 할 때와 살아가야 할 장소가 분명하게 있음이라고 또다시 깨닫는다. 현재의 세상 시간에 욕심 없이 만족하며 불만 없이 기쁨과 즐거움으로 마음의 부요함을 누려야 한다고 새삼스럽게 깨달으며 고개를 끄덕인다.

오랜만에 떠나는 부부 여행을 위해 약간의 절차를 덴버 공항에서 갖는다. 공항은 많은 여행객으로 붐비고 매우 복잡하고 혼잡하다. 그렇지만 여행객의 얼굴에는 한결같이 미소와 기쁨이 흠뻑 묻어난다.

A 42번 출구 앞에 섰다. 뉴욕주의 서편에 있는 버팔로 공항으로 가기 위한 출구이다. 약간의 절차를 거쳐서 기내로 탑승한다. 아뿔싸, 갑자기 이게 무슨 일인가. 기내 좌석에서 아내와 생이별하고 따로따로 앉게 된다. 생판 초면인 젊은 미국 사람과 한 좌석 줄에 앉았다. 그것도 가운데 좌석에 끼었다. 불편한 내 마음은 아랑곳하지 않고 비행기가 활주로를 급히 달리며 하늘을 손에 넣기 위해 이륙의 날갯짓을 시도한다. 땅을 떼어놓기 위한 몸부림으로 덜커덩거리며 산고를 겪는 아낙네가 된 듯한 모양새다. 매우 불안한 마음에 어설프다 싶었지만 그래도 비행기는 무사히 땅을 박차고 가볍게 하늘 위로 날아오른다. 푸른 하늘을 사모하는 비행기의 모습이 안쓰럽다. 내가 겪는 세상일이 안쓰러운 것처럼.

하늘 구름이 만드는 온갖 모양의 새로운 모습이 너무너무 아름답다. 굵은 붓에 잔뜩 묻힌 흰 물감을 이리저리 흔들어서 마음껏 뿌리다가, 금세 말끔히 지워버리는 멋진 예술 작품을 보는듯하다. 그렇게 4시간을 하늘에 머물며 날던 비행기가 버팔로 공항에 안착을 위해 마지막 안간힘을 쏟아낸다. 그러나 하늘 기류를 견디지 못하고 심하게 비틀거리며 마구마구 흔들린다. 드디어 비행기가 몸서리치듯이 급히 정착한다. 버팔로 시내가 멋지게 한눈에 들어온다.

여행안내를 위한 현지 안내인의 소개로 아리랑식당에 들어선다, 우리 민족의 유일한 노래인 '아리랑'의 제목을 인용한 듯하다. 제법 음식이 깔끔하고 맛있다. 전통 한식으로 요리된 각종 음식이 입맛을 돋우며 배고픈 시장기를 만족시킨다. 맛있게 식사를 마친 후 곧바로 택시에 나눠타고 캐나다 국경을 넘기 위해 잔뜩 마음 설레며 길을 재촉한다.

나이아가라강을 사이에 두고 미국과 캐나다의 국경을 이루고 있다. 나이아가라강의 철제 다리를 건너서 캐나다 국경 검문소에 도착했다. 국경 검문소를 통과하고 캐나다 땅으로 성큼 뛰어들어 달리기 시작한다. 호텔 체크인을 마치고 방에 들어서자마자 침대 위로 덜커덩 몸을 던진다. 그것도 잠시 곧바로 쉴 틈도 없이 오후 여행 일정에 들어간다고 알림이 온다. 들뜬 마음을 진정시키기에 안간힘을 쓴다.

캐나다 쪽에 있는 나이아가라 폭포에 최대한 가깝게 접근하여 폭포를 보기 위해 엄청 많은 인원이 이층으로 된 유람선에 오른다. 모두가 모자까지 붙어 있는 붉은색 일회용 우비를 입고 잔뜩 설렘의 마음과 약간의 두려움을 말하며 유람선의 손잡이를 꽉 잡는다. 난 이층의 난간을 선택하여 폭포를 근접 촬영하기 위해 모든 준비를 끝내고 출발을 기다리기에 조급증을 낸다. 유람선이 서서히 폭포를 향해 가면서 물보라가 만드는 안개비를 온몸 가득히 맞는다. 놀램의 감탄과 약간의 비명 섞인 소리가 유람선 안에 울려 퍼진다.
　유람선이 가깝게 더 가깝게 폭포에 근접을 시도한다. 태풍 같은 비바람이 몰아치는 모습처럼 폭포 비바람이 온몸을 세차게 두드린다. 모두가 한 입이 되어 비명을 토해낸다. 그래도 유람선은 아랑곳하지 않고 아무 일도 없다는 듯이 매우 가깝게 폭포에 진입한다. 온몸 가득히 맞아들이는 폭포 풍경이 장관이다.
　엄청난 비명과 함께 온몸 통째로 느끼는 스릴이 넘쳐서 나오는 짜릿한 감탄의 목청도 큰 외침이 된다. 평생 처음으로 느껴보는 소름 끼치는 전율을 온몸 가득히 느끼고 또 느낀다. 이제는 되었다 싶었는지 유람선이 서서히 방향을 틀며 폭포 밑에서 빠져나오기 시작한다. 아쉬운 마음을 가득 품고 마음을 진정시키기에 연실 심호흡을 한다. 마음은 놀람과 만족한 기쁨으로 가득 채워진다. 이튿날 이른 아침 새 여행 일정이 시작된다.

폭포의 큰 낙차를 이용한 수력 발전소를 견학하기 위해 들어선다. 1903년에 한 엔지니어의 아이디어로 세워진 수력 발전소라고 소개된다. 그러나 얼마나 충실히 보수 유지를 잘했는지 지금도 사용할 수 있을 것 같은 느낌을 받는다. 수력 발전소의 창문을 통해 내다보는 나이아가라 폭포의 윗부분은 바닷물 같은 엄청난 물이 연속해서 빠르게 흐르고 있다.

　잠시 생각에 잠긴다. 이토록 끊임없이 흐르는 물의 근원지가 어디일까? 하고 갑자기 궁금증이 증폭된다. 이어서 폭포 밑을 뚫어서 만든 지하터널로 들어선다. 엄청난 규모의 동굴 같은 지하터널을 한동안 걸으며 연실 감탄 속에 놀란 목소리를 멈추지 못한다. 동굴의 끝은 폭포 우측을 볼 수가 있는 장소에 멈춰있다. 하늘과 폭포 옆면을 번갈아 바라보면서 또다시 감탄과 놀람의 목청을 돋운다. 역시! 하면서….

　호텔 창밖은 부슬부슬 가랑비가 내리고 있다. 많은 아쉬움을 뒤로하고 그동안 머물던 방을 체크아웃한다. 모두 로비에 모여서 여행 이야기로 화제의 꽃을 피운다. 그동안 얼마나 재미있는 시간을 보냈는지 서로에게 담소하며 큰 목소리로 돋운다. 캐나다 국경을 넘어 내 삶이 있는 미국 땅으로 성큼 들어선다. 왜인지 모르겠지만 미국 땅에 들어섬이 내 마음에 깊은 안정감을 만들고 평안한 마음의 쉼이 찾아온다. 행복이라는 단어가 마음속에 꽉 채워진다.

또, 소풍이다

 높디높은 푸른 가을 하늘을 본다. 하늘은 자기 마음대로 뭉쳤다가 헤어지며 수만 가지 예쁜 모양의 하얀 뭉게구름을 쉴 새 없이 만들다가 지운다. 이렇듯 아름다운 절기를 '천고마비의 계절'이라고 우리의 선조는 이름 지었다.
 그렇다. 짙은 파란색의 물감을 마음껏 뿌려 놓은 듯한 높고 아름다운 하늘. 푸른 산천초목을 바라보는 상큼한 마음. 풍성한 자연을 바라보는 감탄이 넘쳐 입에서 깊은 탄성이 저절로 나온다. 오랜만에 정말로 멋진 하루를 시작한다.
 즐겁게 소풍을 갔다 온 것이 몇 주나 되었다고 오늘 또 소풍을 간다. 난 흥분된 마음을 쉽게 억제하지 못해서 지난 밤잠을 설쳤다. 꼭 유치원생이 된 것 같은 내 모습이다. 지난밤에 소풍 생각에 잠겨 이리저리 뒤척였다. 그 덕택에 애꿎은 잠만 설쳤다. 그런데 잠을 못 이루어도 내 마음은 마냥 행복하다.
 평상시보다도 일찍 데이케어에 도착한다. 벌써 많은 시니어가 분주하게 오간다. 정성껏 준비된 아침 식사를 한다. 그리고 회원들과 함께 정해진 자동차에 승차하고 휘파람을 불면서 젊은 인생 젊은 청춘 노병이 기쁨 가득 출발한다.
 드디어 오늘의 소풍 목적지인 '조지아 타운'에 도착한다. 생전 처음 와보는 명소에 감탄의 마음이 넘친다. 많은 인파로 북적이는 모습이 마음을 설레게 한다. 스텝들의 정성 가득한 안내를 받으며 좁디좁은 협궤를 달리는 열차에 오른다. 자연에 완전히 오픈된 객실에 앉는다.

기다리고 기다리던 기차가 드디어 서서히 출발한다. 그리고 곧바로 기차가 놀란 듯 괴성을 지른다. '칙칙폭폭 뽀~오~옥' 난 곧 눈을 감는다. 또한 머리 가득히 스쳐 지나가는 광경을 웃음 섞인 미소 속에서 떠올린다. 초등학교 때 이 기차와 똑같은 기차를 타고 '여주 신륵사'로 수학여행을 갔었던 생각을 한다. 너무 재미있게 마음을 사로잡는 오늘 기차 소풍이다.

가히 환상적이다. 어떻게 이런 기차 소풍 잔치를 생각하고 젊은 청춘 노병들을 위해 계획했을까? 하고, 데이케어에 매우 감사한 마음이 든다. 덜커덕거리며 달리는 열차에서 완전히 오픈된 자연을 넋 놓고 바라본다. 열심히 셔터를 누른다. 그리고 정성으로 준비된 점심 김밥을 힘차게 달리는 열차에서 맛있게 먹는다. 정말로 꿀맛이다. 옛날옛적에 영화에서 보았던 '콰이강의 다리'와 매우 흡사한 철제 다리를 힘겨운 듯이 연출하며 서서히 다리를 건너는 열차가 내 숨을 멎게 한다.

# 5부

내 영혼의 노래
― 수필과 시, 동화

[수필]

고향 그리고 엄마

　육신의 첫울음을 터트리고 부모의 품속에서 형제들과 함께 성장한 곳이 육신의 고향이라고 일컫는다. 그 고향은 수고와 슬픔이 쌓여 가는 평생을 어느 곳에 있어도 잊지 못하고 늘 그리움의 대상이 되며 부모 형제를 기억하여 회상의 대상으로 삼는 곳이다. 또한 고향은 엄마를 마음속에 깊이 간직하고 떠올리는 마음 깊이 정든 고향이다. 내게도 어린 시절에 부모 형제와 함께 마음껏 일상의 꽃을 피우던 고향이 있다. 하지만 지금은 고향을 떠나 이방인의 분주한 삶을 살아가는 이방인의 땅에서 고향을 그리워하며 잠시의 시간이라도 귀향하고 싶은 안타까움의 소망을 품은 채 살고 있다. 내 고향은 나의 인생을 품었다. 엄마를 떠올리니 벅찬 감정이 묻어난다.

　내 고향은 아버지와 엄마, 그리고 형과 함께 살던 곳이다. 그 옛날 시간으로 돌아갈 수 없지만 아직도 그때를 그리워하며 마음 깊이 고향을 더듬어 찾아내고는 한다.

　여름과 가을철이면 우리 집 바깥마당에서는 벼 타작, 밀 타작,

보리타작으로 매우 분주했던 곳이다. 어른들이 벼 훑기와 도리깨질로 벼, 밀, 보리, 콩, 팥 등을 터는 장면이 생각난다. 도리깨질의 박자를 맞추기 위해 단체로 노래를 주고, 받아 부르며 서로 흥을 돋운다. 도리깨질이 끝난 곡식은 머리에 수건을 쓴 엄마들이 키질로 알곡과 쭉정이를 골라낸다. 그리고 볏짚으로 만든 큰 멍석을 펼치고 그 위에 알곡을 햇빛에 바싹 말린다. 잘 마른 알곡을 가마니에 담고 큰 말 마차 위에 차곡차곡 싣고 방앗간으로 가서 정미하면 예쁜 쌀, 보리, 밀이 된다. 그 곡식은 우리 가족의 1년 식량이 된다. 어린 나는 너무 신기하고 재미가 있어 타작마당을 떠나지 못하고 타작마당 주변을 이리저리 뛰면서 어쩔 줄 몰랐다. 어른들이 타작에 방해가 된다고 고함을 치지만 개구쟁이였던 나는 아랑곳하지 않고 열심히 뛰어다녔다.

새참 때는 어른들이 장난삼아 먹인 막걸리 몇 모금에 나는 술에 취해 비틀거리던 기억이 고향을 떠올리면 아직도 생생하게 생각이 난다. 타작을 마친 논 물웅덩이에 두 발을 걷어 올리고 잡지도 못하는 미꾸라지, 붕어를 손으로 움켜잡겠다고 온 힘을 쓰며 호들갑을 떨던 모습을 떠올린다. 어쩌다가 물뱀을 만나면 무서워서 혼비백산 되어 웅덩이에 주저앉고 말았다. 물론 집에 가면 엄마한테 옷을 모두 물에 버리고 왔다고 야단을 맞았다. 그러나 엄마한테 야단 맞는 것도 재미있었다. 이게 고향을 떠올리면 생각나는 추억이고 그리움이다. 고향을 떠올리면 잊지 못하고 생각나는 부모님과의 하루하루이다. 이토록 아름다운 참사랑과 풍요로운 정경이 내 고향이다.

고향 생각 속에 떠올린 엄마 생각은 마침내 눈물을 흘리게 한다. 엄마가 나를 부르고 있는 목소리를 듣고 있는 듯하다. 어릴 적에 개구쟁이 짓하다가 엄마의 부름에 깜짝 놀라서 딴청을 부리던 내 모습처럼 지금 나는 하던 손길을 놓고 엄마를 찾아 주위를 돌아본다. 벌써 엄마보다도 더 오래 이 땅에 살고 있으면서도 내 곁을 홀연히 떠나가신 엄마가 무척이나 그립고 보고 싶다. 자나 깨나 자식들 생각밖에 없었던 엄마였다. 건강하지 못한 육신의 아픔 속에서도 또한 시원하지 못한 삶의 순간순간 속에서도 자식들 생각에 많은 고민과 번민 속에 쌓여 계셨던 모습들을 이제 또다시 생각하면서 떠올려 본다. 떠올린들 이제 무슨 소용이 있겠는가. 모든 게 허무한 지난날의 수고와 슬픔뿐인데 그래도 떠올려 보며 불러보고 싶은 이름 엄마이다. 내 어릴 때부터 학창 시절을 지나가며 유독 작은 몸이 아파서 힘겨워하시는 엄마의 모습이 명작인 영화 필름처럼 내 눈앞에 선명한 영상이 되어 스쳐 간다.

성장하여 청년이 되고 결혼하여 아들, 딸을 낳고 내가 두 아이의 부모가 되었지만, 그때도 엄마의 아픔을 헤아리지 못했다. 그냥 철부지 같은 막내아들이었다. 그저 세상살이 복잡하고 힘겨운 삶을 꾸리기 위해 오직 동분서주하면서 몸부림치는 가운데 남편을 다른 세상 속에 잃은 엄마의 외로움을 깨닫지 못했다. 이제 할아버지가 되고 보니 흐르는 세월 속에 눈물만 흐르며 앞을 가릴 뿐이다.

30년 전이다. 두 아이의 미래를 걱정하는 부모로서 그들을 미국 땅에 조기 유학시키고 곧이어 우리 부부도 미국에 정착하기 위한 이주를 시작했다. 완전한 계획 없이 시작한 이주는 많은 우여곡절을 겪도록 만들었다. 이민의 각종 힘든 상황을 헤쳐 나가면서 감사하게도 그때, 불교 신자였던 나는 예수님을 영접했다. 그 사건은 한 편의 영화 같은 믿을 수 없는 기적이었다. 그리고 나에게는 하늘 고향이 생겼고 그 하늘 고향을 소망하는 영생의 믿음이 생겼다. 그 하늘 고향은 하나님 아버지께서 나를 위해 특별하고 완벽하게 설계하시고 이 땅에서 삶을 축복하신 하늘 고향이다. 하늘 고향에는 이별, 아픔, 상처, 슬픔, 고통, 각종 병, 죽음, 등등 이 땅에서 겪어야 할 많은 환란이 없는 곳이다. 나는 이 아름다운 하늘 고향을 매 순간 내 마음에 깊이 품는다. 그리고 기쁜 입술 되어 감사를 드린다.

나에게는 또 하나의 고향이 있다. 그 고향은 지금 이방인의 일상 삶을 매우 잘 살아내고 있는 이 미국 땅이다. 매우 어렵게 시작된 이민의 삶으로 온 가족에게 기쁨을 주고 있는 땅이다. 우리 아들과 딸에게 학업을 잘 끝마치고 훌륭한 직업을 선택하게 해준 감사의 땅이다. 그리고 지금은 그들에게 하늘이 맺게 해준 배우자와 아들, 딸을 낳고 행복한 이 땅의 주역으로 잘 살아내게 해주는 은혜의 땅이다. 우리 부부에게 6명의 손주 손녀가 잘 성장해 가고 있는 모습을 목격하며 기쁨 속에 하루하루의 행복을 감사하게 해주는 땅이다. 나는 이 이민의 땅을 내 제2의 고향이라고 명명하고 싶다. 얼마나 감사한 시간과 땅인지 이 땅에 내 육신을 웃으면서 묻고 싶다.

　잠시나마 지나친 시간을 통해서 마음 가득 채워졌던 행복한 마음과 기쁨의 시간을 마무리하기 원한다. 하나님께서 내게 주신 후손들이 이 땅에서 오랜 시간을 아름다운 마음과 축복된 인생의 시간으로 행복하게 잘 살아내며 영원히 이 땅에서 하나님의 기쁨이 되기를 간절히 소원해 본다. 또한 그들이 하나님의 은혜를 간절히 사모하며 하나님 안에서 평강을 이루는 세상 삶 속에서 매일 승리하는 삶이 되기를….

세월 나그네

하늘과 땅 그리고 그 안에 생명의 둥지를 튼 모든 인생은 세월이라는 호흡으로 숨을 가쁘게 쉬며 살아가는 세월 나그네다. 그들은 자기 자신을 비롯해 이 순간에도 세월의 나이테가 되기 위해 세월의 한 호흡, 한순간을 자신의 것으로 선택해 만들기 원한다. 또한 세상 시간에 수고와 슬픈 욕심으로 버티며 세상에 욕망과 애착을 갖고 영원히 소유하려 몸부림치는 수고와 슬픔을 거듭해서 반복한다. 세상 생명 가진 자는 자신 이외에는 자신의 숨겨진 생각을 절대 알지 못한다고 굳게 믿고 싶어 하며, 오직 자신만이 비밀히 알고 있는 듯한 거짓 마음으로 품는 희로애락을 뼈저리게 느끼면서 기뻐서 떨며, 슬퍼서 두려워하고, 자기가 믿고 싶어 하는 자신의 길을 찾아 끊임없이 낙망하면서도 절대 포기 못 한다. 그리고 이 자리에서 저 자리로 옮겨 다니는 세월 나그네 옷을 늘 갈아입는 길을 자기 자신에게도 숨기고 싶은 허망한 기대 속에 꽤 우습지만 영원한 생명이 되고 싶은 소망을 품고 웃고 울음을 토하며 뱉고 있는 것이 아닌가? 조심스럽지만 당당하게 마음을 시작해 본다.

나는 지금까지 그 길 위에 순간순간 세월의 호흡 속에 세월의 나그네가 되어 무심히 서 있었다. 무엇을 찾고 있었나. 무엇을 낚아 건지려 찌 없는 낚싯대를 세상에 들이대며 노려보고 있었던 것일까. 무엇인가 찾으려 노려보았지만 내 마음에 보이는 것은 아무 것도 없다. 그저 없을 '무'이다. 그렇다면 나는 왜 세상의 폭풍과 비바람 속에 그렇게 서 있었고 또한, 지금도 서 있었던 것일까? 자기 자신을 잃어버렸기 때문일까. 잃어버린 자기 자신을 찾고 싶은 안타까운 소망에 아쉽게도 늘 휩싸여 있는 것은 아닐까. 이제 내 내면세계로의 여행을 즐겨보자.

겉모양은 그럴듯하게 잘 빚어지고 잘 만들어져서 겉보기에는 그럴듯한데 속 알맹이는 어떠할까. 속 알맹이를 찾아내지 못하면 모든 게 허사이다. 그 속 알맹이가 매우 소중한 오늘의 중요한 내 단서가 아닐까 하고 묻는다. 내 속 가장 깊고 은밀하며 내가 스스로 찾아낼 수 없는 곳에는 누구도 쉽게 다가갈 수 없는 곳이 있다. 그 심오하고 신선하며 쉽게 깨달아 "이곳이야!" 하고 소리칠 만하게 만만하게 볼 수 없는 곳에는 무엇이 있다. 그 무엇이 과연 무엇일까? 마음을 내려놓고 수없이 많은 시간을 발버둥 치는 버거운 발길로 공들여 지나온 시간이 있다. 이론이 아닌 그 무엇을 찾아내기 위해 강산이 몇 번 변할만한 시간을 몸부림 속에 쏟아지는 수없이 많은 고난과 죽음이라는 환난을 넘어왔다. 아니 두 차례에 걸쳐서 내 생명의 종지부를 찍는 어두운 죽음을 실제로 들여다보면서, "아하! 이것이었구나?" 하고 그 자리에 철퍼덕 주저앉았다. 그리고 걷잡을 수 없도록 쏟아지는 후회의 눈물과 참 용서를 구하는 간곡한 회개의 눈물을 멈출 수 없이 통곡하는 처절한 몸부림이 되었다. 생명을 또다시 얻은 나를 보며 두려움에 온몸을 파르르 떨 수밖에 없었다.

"주 여호와여 주는 나의 소망이시오. 내가 어릴 때부터 신뢰한 이시라 내가 모태에서부터 주를 의지하였으며 나의 어머니 배에서부터 주께서 나를 택하셨사오니 나는 항상 주를 찬송 하리이다."
(시71 : 5~6)

영원무궁토록 변할 수 없는 위대한 하나님의 진리이다. 하지만 난 그 하나님을 기억하지 못한 광야에서 세월의 나그네 삶을 사막의 모래바람 휘몰아치며 야생 동물의 울부짖음 속에서 살았다. 하나님의 진리에 두 귀를 막고 두 눈을 감은 채 모른 척하며 시치미 뚝 떼고 땅만 보면서 살아왔다. 그러나 하나님은 내 세월 나그네 고난의 길인 홍해를 가르고, 만나와 메추라기로 먹이시며 반석에서 깊은 물이 나게 하시고, 옷이 해지지 않는 보호하심과 구름 기둥, 불기둥으로 나를 보호하시면서 나를 광야에서 인도 하셨다.

나의 헤아릴 수 없이 많은 불순종에도 무던히도 인내하시며 결국에는 요단강을 건너 젖과 꿀이 흐르는 가나안 땅에 내 삶을 정착시키셨다. 그렇지만 그것도 잠시 하나님과의 첫사랑을 잊어버린 내 육신은 이민의 땅에 정착이라는 육신 적 큰 대의를 품고 많은 세월의 시간을 나그네처럼 하나님 없이 홀로 살아왔다. 겉으로는 그리스도인이라는 그럴듯한 하늘 명찰을 가슴에 달고 내심으로는 세상을 욕심껏 탐닉하기에 혈안이 된 삶을 살았다. 성전에서는 그리스도인이라는 빛나는 하늘 명찰이 녹이 슬지 않도록 온몸을 쥐어짜며 봉사하고 헌신하며 온갖 세상 위장술로 가린 겸손의 명찰을 하나 더 훈장처럼 가슴에 떡 달고 말씀과 기도 생활에 올인했다.

어느 날 해도 숨어버린 무시무시한 새벽의 아침이다. 암 투병 중이지만 새벽 기도를 가는 도중에 교통 신호를 무시한 차량과 내 차가 충돌되면서 응급실행 응급 환자가 되어 3일 만에 코마 상태에서 깨어나는 절체절명 내 생명의 위기 앞에 세워졌다. 그때 코마 상태에서 하나님은 나에게 질문하셨다.

"나는 매 순간순간에 내 십자가로 너를 선택했는데 왜 너는 매 순간순간에 나를 선택하지 않느냐?"라고 선뜻 대답할 수 없는 질문을 준엄하신 음성으로 내게 하셨다. 하나님의 질문을 받은 후 벌써 삼 년의 시간이 되었다. "매 순간순간에 하나님 선택"이라는 하나님의 참 의미를 찾기 위해 마음에 넘치도록 충만하게 꽉 채워진 두려움, 수없이 많은 고민과 갈등, 번민 속의 기도 제목을 하나님 앞에 갖고 삼 년 동안 기도하고 있다.

내 영혼에는 주님의 거룩한 영이신 성령 하나님이 임재하시고 하나님의 거룩한 성전을 지으셨다. 그 하나님의 거룩하고 공의로 우신 성전에 가장 깊고 가장 은밀한 곳(지성소)에 성자 하나님이신 예수 그리스도의 거룩한 영이신 성령 하나님께서 나와 함께 매 순간순간 동행하시며 임마누엘하고 계신다. 그리고 내 삶의 가장 작은 순간순간까지도 하나님의 뜻으로 주관하신다. 그러므로 내가 내뱉는 한 호흡이 나와 함께 내뱉는 성령 하나님의 숨결이다. 내가 걷는 한 발걸음이 성령 하나님과 함께 걷는 성령 하나님과의 한 발걸음이다. 내 한 동작 한 동작이 성령 하나님과 함께하는 성령 하나님과 연합된 한 동작이다. 내 삶의 모든 순간순간 선택이 성령 하나님께서 하나님 아버지 뜻에 따라 주관하시는 선택이다. 내 생각(관점)의 선택이 하나님 생각(관점)의 선택이다. 결코 내가 혼자 하는 선택(관점)의 결론이 이제 없다.

그런데 문제는 나에게 있다. 그동안 나는 나 자신을 세상 어느 무엇보다도 나를 더 지독하게 내 중심적으로 사랑하고 있다. 나 이외의 다른 누구의 간섭과 나와 다른 선택의 결론을 쉽게 인정하고 받아들이지 못한다. 오직 내 중심적인 내 사랑의 선택과 결정이 이 세상에서 가장 최선의 선한 길이라고 어리석게도 굳세게 믿고 결정한다.

어느 누구라도 내 선택의 결론을 예외로 삼는 것을 매우 부정적이며 불쾌하게 생각한다. 다른 사람의 생각으로 내 유익이 침해당하는 꼴을 절대 용서 못 한다. 그렇다면 이 글을 읽는 당신의 모습은 나와 다른 모습이라고 생각하는가? 당신의 내면을 유심히 관찰하시라. 그리고 정직하게 당신의 내면 앞에 겸손해지시라.

나는 버렸다. 내 선택의 주도권을. 왜? 내가 당연하다는 듯이 행사하는 내 악한 습관인 믿음으로 화려하게 포장된 내 선택의 주도권을 골고다 십자가에 미련 없이 버리고 말씀 묵상과 기도할 때 내 선한 습관을 새롭게 창조하시고 함께 소유하시는 성령 하나님께서 골고다 십자가를 선택할 수 있게 해주기 때문이다.

얼마나 멋진 내 영혼인가? 그래서 지금 내 어깨 위에는 세상을 향한 육신의 정욕, 안목의 정욕, 이생의 자랑을 원하면서 항상 짓누르던 세상 짐의 힘겨운 무거움이 사라졌다. 내 영혼이 하나님 안에서 정말로 세상의 자유를 누린다. 아이러니하게도 하나님 말씀처럼 선택의 주도권을 포함한 내 모든 악한 습관(재물욕, 명예욕, 전통, 관습, 인습, 정욕, 자랑)을 하나님 십자가 앞에 기쁨으로 버리는 순종이야말로 하나님이 주시는 선한 습관을 영원히 얻는 것임을 매 순간순간 깨닫는다. 그리고 매 순간순간 하나님과 함께 연합하며 기쁨으로 만족하면서 기쁜 입술 되어 하나님께 감사하며 내 인생 삶을 웃으며 살아간다.

이것이 하나님께서 내게 질문, 매 순간순간에 하나님 선택하신 참 의미가 아닐까? 하고 믿음으로 믿는다. 한번 누려보시라!

내가 증언하노니 그들이 하나님께 열심히 있으나 올바른 지식을 따른 것이 아니라 하나님의 의를 모르고 자기 의를 세우려고 힘써 하나님의 의에 복종하지 아니하였느니라 그리스도는 모든 믿는 자에게 의를 이루기 위하여 율법의 마침이 되시니라.(롬10 : 2~4)

초여름의 문지방

넓고 넓은 미국 땅을 동서로 분리하는 로키산맥을 품고 있는 콜로라도에 몸을 의지하고 있다. 벌써 5년 동안의 긴 시간이 활시위를 떠난 화살처럼 수없이 많은 삶의 뼈저린 흔적을 내 인생 시간에 각인해 놓고 쏜살같이 달려갔다.

콜로라도는 두고 온 내 육신의 조국 고향처럼 사계절을 아름답게 만들어 내는 곳이다. 이 사계절이 있기에 고향처럼 푸근하게 더 느끼는 곳이다. 눈 덮인 높은 산과 대자연의 아름다움이 물씬 묻어나오는 여행의 고장이며 정착하고 싶은 정말 아름답고 생동감 있는 곳이다. 내 조국처럼 사계절이 있어 계절의 생기가 넘쳐나 기쁨이 있는 곳이다.

얼마 전에는 흰 눈이 펑펑 내리며 쌀쌀한 냉기를 가득 품은 바람이 몰아쳤다. 그래서 올겨울이 유난히 길어지는지 하는 짐작 했는데 무색하게도 대자연 섭리에 순종하려는 듯 흰 눈을 머리에 인 나뭇가지에 옅은 연두색을 띤 몽우리가 봄소식을 알려줬다.

'아하, 봄이 왔구나!' 아기 새싹을 어루만져 주면서 새봄을 맞는 기쁨과 함께 감사함이 마음을 꽉 채운다. 세월 나이는 점점 더 먹어 가겠지만 봄이 주는 새 계절의 맞이하는 소회는 최고의 생명 기쁨이다. 왠지 모를 푸근함이 내 마음 가득히 밀려오는 것을 감당해 내지 못하고 마음을 얼싸안고 한 발 두 발 땅 위를 내딛기 시작한다. 그리고 봄기운을 받은 많은 생명의 용트림 같은 소리를 가만히 듣는다. 가히, 환상적이다.

아직 앙상한 나뭇가지 사이로 비가 내린다. 봄비다. 세상을 모두 녹여낼 것 같은 하늘 비가 내린다. 부슬부슬 이슬비가 되어 내린다. 이내 심술을 부리며 세차게 땅을 후벼 팔듯한 여세로 힘차게 몰아치면서 억센 비가 되어 이리저리 흔들리며 땅 위를 두들겨 팬다. 게다가 세찬 바람도 가세하여 봄비는 봄장마라는 소리를 듣는다.

선조들은 새봄이 안겨주는 이 심술 맞은 것 같은 이 봄비를 두고 '이른 비'라 하면서 매우 반갑게 맞이했다. 이 '이른 비'가 한 해 농사의 풍년을 불러오는 단비이기 때문이다. 밭에서는 보리와 밀이 자라고 논에서는 모내기하며 한해 식량을 위한 농사를 시작한다. 그때 절대적으로 충분히 내려 주는 이른 봄비는 필수이다. 농사는 짓지 않지만, 이른 봄비가 장맛비처럼 내려 주는 하늘이 감사하다.

며칠째 하늘이 꾸물거리며 어두운 하늘을 만든다. 그리고 하늘이 뚫린 듯 소리 내며 비가 내린다.

거세게 내리던 빗줄기가 언제 비가 왔냐 싶을 정도로 뚝 그쳤다. 빗줄기를 말끔히 걷어낸 하늘은 파란 가을 하늘 같은 깨끗한 모습이다. 너무너무 신기하다. 힘차게 떠오른 해는 따뜻한 온도로 일하기에 딱 알맞은 온도이다. 하늘의 이 자연 섭리를 어떻게 우연이야 하고 대충 얼버무릴 수가 있는가. 이 자연 섭리는 자연을 시작하고 다스리는 창조주의 필연적인 섭리요, 하늘의 지혜이다.

연두색 몽우리로 시작한 나무들이 봄비의 단물을 얼마나 많이 먹고 마시며 몸통에 깊이 물 저장을 식량처럼 했는지 며칠 사이에 초록빛 잎이 되고 꽃이 되어 아름다운 자태를 자랑한다. 너무너무 놀랍다. 충분히 물오른 나무의 푸른 모습은 셀 수 없이 많은 잎으로 몸을 갈아입고 하늘을 가린다.

틈 없이 꽉 들어찬 가지의 잎새 사이로 어디에서 오는지 많은 각종 새가 몰려온다. 하늘을 마음껏 나는 그들의 군무, 지저귀는 합창은 자연의 위대한 오케스트라이다.

날씨는 한층 따뜻해진 초여름의 기온이다. 눈 앞에 펼쳐지는 아름다운 이 모든 광경이 또 다른 계절을 준비하는 듯하다. 어느 누가 흐르는 이 계절 시간을 붙잡고 멈추게 할 수 있을까. 순간순간 변해가는 숲을 바라보며 그저 내 입술은 기쁜 입술이 되어 감사의 절규가 터질 뿐이다.

몸을 움츠리며 겨울 동안 입던 묵직한 겨울옷을 벗고 새롭게 단장하고 있는 자연의 모습처럼 내 몸도 간단한 여름옷으로 바꿔 입는다. 반바지에 간단한 티셔츠로 가벼운 변신하고 깨끗한 거울 앞에 선다. 계절에 어울릴지 앞과 뒤를 보기 위해 빙글빙글 돌면서 헛웃음을 웃는다. 갑자기 시니어 모델이 된 것 같은 엉뚱한 착각을 일으킨다. 이 모든 기쁨은 봄을 지나며 여름을 맞이하는, 초여름 문지방을 넘어가는 무더운 여름의 준비기간이다.

"땅이 있을 동안에는 심음과 거둠과 추위와 더위와 여름과 겨울과 낮과 밤이 쉬지 아니하리라."(창8:22)

진리이다. 누가 진리의 말씀을 부정하며 거부할 수 있을까. 우리의 인생 시간인 이 땅 위에 생명이 된 삶은 이 수고와 슬픔으로 함께 된 이 진리와 함께 짧은 생명을 마감한다. 그러나 모든 인생은 영원히 생명이 존속할 것 같은 믿기지 않는 착각을 반복하며 열심히 자기 배를 채우고 싶은 욕심과 욕망에 시달린다. 그렇지만 봄에 씨를 심고 시작하여 여름이 오면 알찬 열매를 맺고 가을의 열매 거둠을 얻은 후 곧바로 혹독한 겨울의 찬바람 맞는 추위가 냉혹하게 우리 인생을 찾아온다.

주인 되신 하나님의 섭리를 어느 누구도 거부할 수 없고 피해 갈 수 없으며 고난이라는 이름으로 힘겨워할 수밖에 없다. 그런데 우리는 하나님을 쉽게 모르는 체하고 거부하며 살기를 만족해하는 아이러니하게도 봄 여름 가을 겨울을 살아간다. 그저 하루하루를 맹목적으로 나의 육체적인 만족만을 위해 살면서 기쁘고 행복하고 싶어 한다. 정말로 안타깝고 안타깝다. 나 자신을 보는 안타까움이 이렇게 큰데 하나님의 마음은….

초여름의 문지방을 넘기기 전에 여름에 맺을 열매를 알곡으로 맺게 하고 거둠의 계절인 가을에 인생 알곡을 추수하자. 그 길만이 혹독한 겨울 인생을 맞지 않는 유일한 하늘의 길이다.

나를 비롯해 이 글을 읽고 있는 모두가 하나님의 구원에 대해 다시 한번 묵상해 보는 좋은 계기가 되기를 간절히 소망하며 우리 모두를 위해 두 손을 모아 기도한다.

예루살렘의 딸들아

예수께서 돌이켜 그들을 향하여 이르시되 예루살렘의 딸들아 나를 위하여 울지 말고 너희와 너희 자녀를 위해 울라(눅23 : 28).

예수 그리스도 그분은 겸손의 왕이시다. 하나님의 아들이신 예수 그리스도의 손안에는 내가 끊임없이 세상 속에서 추구하고 있는 세상을 향한 어떠한 형태의 욕심이 없으시다. 또한 어떠한 형태의 탐욕적인 육신의 마음이 전혀 없으신 위대하신 하나님이시다. 오직 거룩하시고 영원히 인자하신 하나님이시다.

주 예수 그리스도께서는 오히려 삼위일체 하나님으로 온 우주와 만물을 말씀으로 창조하셨다. 삼위일체 하나님으로 전지전능하신 지혜로 말미암아 만물을 다스리시고 통치하시는 여호와 하나님 아버지시다. 또한 하나님 아버지의 성자로 하나님 나라의 모든 권위와 권세, 권능을 모두 버리시고 겸손의 왕으로 이 땅에 오신 영원하신 인자이시다. 그렇다면 성경에서의 겸손은 무엇인가? 하나님의 진리인 39권의 구약과 27권의 신약은 많고 많은 하나님의 말씀을 통하여 하나님 나라의 겸손에 대해 말씀하시고 있다.(왕상3 : 6~14, 사6 : 1~8, 눅15 : 17~21, 빌3 : 4~7 참조)

우리 주 예수 그리스도께서 하나님의 성도에게 원하고 있으신 겸손이란 무엇일까? 그것은 거룩하신 하나님 앞에서 거룩하신 뜻을 자신이 온전히 순종할 수 없는 완악한 죄인임을 깨닫고 아는 것이다. 그리고 나 자신이 정직하게 스스로 인정하고 하나님께 신실함으로 죄인임을 고백하는 것이다. 또한 자신의 죄악 된 생각을 온전히 버리고 하나님의 궁휼하신 뜻의 은혜를 구하며 거룩하신 뜻 앞에 참믿음으로 순종하는 것이다. 하나님이 원하시는 겸손은 하나님 아버지께서 자기 창조물인 백성에게 하나님의 뜻으로 원하고 있으신 공의 하시고 신실하신 마음을 보고 배우며, 주 예수 그리스도와 함께 연합되어 기쁨으로 즐거워하며 한 호흡으로 걷는 것이다.

사람아 주께서 선한 것이 무엇임을 네게 보이셨나니 여호와께서 네게 보이시는 것은 오직 공의를 행하며 인자를 사랑하며 겸손하게 네 하나님과 함께 행하는 것이 아니냐.(미가6 : 8)

겸손의 왕이신 주 예수 그리스도께서 자신의 십자가를 지시고 골고다의 가파른 언덕길을 하나님 아버지께 향하신 겸손하심의 순종으로 매우 힘겹게 오르고 계셨다. 그렇지만 예수께서는 많은 구경꾼 속에서 자신을 보고 있는 자신의 육신 어머니이신 마리아를 비롯한 자신의 공생애 동안의 제자로 함께 지냈던 여인들을 보셨다. 그 여인들은 고난의 십자가 길을 하나님 아버지께 향하신 겸손의 순종으로 걷고 계시는(비아 돌로로사 : 슬픔의 길, 고통스러운 길이라는 의미) 예수 그리스도를 마음으로 제어할 수 없는 비통함으로 흘리는 눈물 속에 예수님의 뒤를 따르고 있었다. 그들은 애통과 비통함으로 끊임없이 침묵의 눈물을 하염없이 흘리고 있었다.

예수께서는 그 여인들의 눈물을 보시면서 그토록 고통스러운 십자가 고난의 순간임에도 불구하고 예수께서는 그 여인들을 부르신다. "예루살렘의 딸들아"하고. 주 예수 그리스도께서 여인들을 향하여 딸이라고 부르시고 있다. 성경에서 '딸'이라는 참 의미는 이스라엘 민족을 통칭해서 사용하는 이스라엘 민족에 대한 하나님의 칭호이다.(사1 : 8, 미4 : 13).

그러나 나는 예수께서 이 여인들을 '딸'이라고 부르신 의미는 하나님 아버지께 순종하심으로 걷고 있는 자신의 십자가 고난의 길을 현실의 삶 속에서 그들을 눈으로 보시면서 그리스도인 자신을 향한 신실한 마음으로 사랑하며 비통한 눈물을 흘리면서 따르고 있는 여인들을 직접 '딸'이라고 지칭하여 부르고 계심이다. 그러면 예수님의 이 마음은 어떤 마음일까? 예수께서 이 여인들을 향하신 존경의 칭호라고 묵상하며 조심스럽게 추론해 본다.

이 여인들을 향하여 예수께서 말씀하셨다. "나를 위하여 울지 말고 너희와 너희 자녀를 위해 울라." 갑자기 무슨 말씀인가? 또한 이 여인들은 왜? 울고 있는가. 이 여인들은 그들이 겪는 현실적인 삶 속에서 직접 목격하고 있는 예수 그리스도의 십자가 고난의 길을 보면서 실제로 애통의 눈물 뿌려서 울고 있다. 이 여인들은 자신의 세상에 속한 세상 힘으로는 예수께서 받고 계신 현실의 고난을 어떻게 바꿀 수 없는 그동안 온몸과 마음을 다해 사랑했던 주님이신 예수 그리스도의 십자가 고난의 사명 때문에 그들은 실제로 비통한 마음으로 울고 있다. 그런데 예수께서는 이 여인들을 향하여 "나를 위하여 울지 말고 너희와 너희 자녀를 위해 울라"라고 말씀하시고 있다.

내가 지금 걷고 있는 이 십자가의 길은 하나님 아버지의 뜻에 의한 예언된 길이라는 순종과 사명의 말씀이다(마26 : 39). 또한 내가 걷는 십자가의 길은 자신에게 순종하는 모든 사람에게 십자가 보혈의 능력으로 영원한 구원의 근원이 되시기 위한 참 생명의 길이라고 말씀하심이다.(롬5 : 8~9, 히6 : 6~10)

"너희와 너희 자녀를 위해 울라."

여인들에게 향하여 예수께서 하신 이 말씀은 무슨 의미의 말씀인가? 그 당시에 이스라엘을 통치하고 있었던 산헤드린 공회의 종교 지도자(대제사장, 제사장, 장로, 율법 학자, 서기관)들은 우매한 백성들을 선동하여 예수님을 죽이기로 모의했다. 그리고 이방인의 손(이스라엘을 통치하고 있었던 로마 통치자였었던 빌라도 총독)을 빌려서 십자가 사형의 확정을 받아냈다. 또한 십자가 사형을 완성하기 위해 예수 그리스도를 갈보리 언덕길로 십자가와 함께 오르시게 했다.

이 길을 헬라어로 '비아 돌로로사(VIA DOLOROSA)의 길'이라고 부른다. 하나님의 아들이신 예수 그리스도를 향한 이 큰 죄악으로 인해서 예루살렘은 하나님의 엄중하신 심판을 받게 될 것을 예수께서는 하나님의 눈으로 보고 계셨다. 그 큰 심판으로 인해서 겪게 될 예루살렘 거주민의 수난을 이 여인들에게 말씀하시고 있다. 너희와 너희 자녀들이 겪게 될 하나님의 참혹한 심판을 생각하라고 하시는 완전하신 하나님의 예언 말씀이다.

실제로 세계 역사는 이 심판에 관해 진실하고 정직하게 증거하고 있다. 요세푸스 전승에 의하면 AD 70년에 로마 제국의 '티투스' 장군과 로마 군대에 의해 예루살렘 성전은 돌 위에 돌이 하나도 남지 않고 처참히 멸망되었다(마24 : 2 참조). 그 당시 110만 명의 유대인이 로마 군대에 의해 무참히 죽임을 당했다. 96,000명의 유대인이 노예가 되어 로마로 끌려갔다.

그 이후에 예루살렘의 모든 유대인은 전 세계를 유리하는 나라

없는 백성이 되어 2,000년을 버림받고 철저히 외면당하는 엄청난 고통의 실제적 삶을 살았다. 참으로 이스라엘 민족이 겪은 인류의 실제적 역사는 한 글자의 오류도 없고, 왜곡됨이 없이 정직하게 세계 역사 속에 증언하고 있다(마23 : 36).

나 자신에게 질문한다. 나는 나 자신을 위해 하나님 앞에 진심으로 비통과 애통한 눈물로 지금 울고 있는가? 내 자녀를 위해 하나님 앞에 진심으로 눈물 뿌려서 지금 울고 있는가?

예수 그리스도께서 지금 나에게 질문하시고 있다고 믿으며 애통한 마음을 금할 길이 없다. 내 연약한 마음이 먹먹해진다. 아니 금방이라도 회개의 눈물이 펑펑 쏟아질 것 같은 쓰라리고 비통한 마음이 꽉 찬다. 또한 나는 과연 나 자신과 내 자녀를 위해 삶의 순간순간을 애통하고 비통한 울음 속에 주 예수 그리스도와 함께 울고 있는가? 매 순간순간에 세상이 아닌 주 예수 그리스도를 선택하며 순종하기에 몸부림을 치고 있는가? 주 예수여, 어서 오시옵소서!

"과연 나는 내 죄를 온전히 회개하였는가? 오늘 우리 교회에서 이런 설교가 선포된다면 회중의 반응은 어떨까? 많은 현대 설교자는 할 수 있는 한 하나님의 심판이나 하나님의 진노 그리고 지옥의 개념에 관한 내용을 가리고자 한다. 우리 주님께서 천국보다 지옥에 대해 더 많이 가르치셨다는 사실을 무시하는 처사다. 사도

행전에서 사람 앞에서 일어난 일은 그리스도에 관한 일이다. 당신은 우리 죄를 사해 주시기 위해 하나님께서 보내셨고 죽은 자 가운데서 다시 살아나심으로 스스로 메시아이심을 증거가 되신 그리스도를 어떻게 대하고 있는가?" (사도행전 강해 R.C. SPROUL, PAGE 151에서 인용)

[묵상 시]

내 인생 노래

네가 어떻게 내게 그런 말을 쉽게 해.
수없이 지나쳐 온 내 껍데기 삶 속엔 온통 마음의 눈물인데
진짜 내 마음 알맹이는 솎아내듯 빼버리고 살아왔고
겉치레처럼 남겨놓듯 남에게 보여준 건 내 빈 껍데기였는데
단 한 번도 내 마음속에 이게 행복이구나 하고
단 한 번도 내 마음속에 느껴보질 못했는데
지금 와서 내게 그런 말을 하면 내 인생 노래 어떻게 해

모든 게 절망 속에 무너지고
모든 게 힘없이 내려앉는데
무엇으로 어떻게 또다시 내 인생 세우고
무엇으로 내 인생 노래를 어떻게 다시 쓸 수 있으랴
분명히 외치는데

나는 다시 웃고 싶어
'키모테라피'로 내 밥맛을 몽땅 뺏겨 잃어가도
나는 목숨 걸고 죽기 살기로 먹을 거야
'키모테라피'로 내 몸뚱이 빼앗긴다고 해도
나는 지나간 쓴 세월을 디디고 다시 일어서고 말 거야.

지금껏 눈물 뿌려 사랑하며 지켜왔던
내 사랑하는 아내, 자식들을 똑똑히 기억해 내며
끊이지 않는 마음속 펄펄 끓는
뜨거운 눈물 삼키면서라도 암 덩어리를 제거하는
'키모테라피'와 암 수술을 즐기면서 할 거야
암 덩어리를 뿌리까지 뽑아내서
멀리멀리 창밖으로 던져버릴 거야.

허무한 세월의 수고와 슬픔이
생명 없는 나쁜 열매 된 암 덩어리들
나를 이 땅 위에 높이 세우시기 위해
나를 만드신 내 하나님이 잘 조련시키시고 붙잡으신
오른손 권능의 손길로 몽땅 뽑아낼 거야.

그때 나는 암 덩어리 향해 꺼억꺼억 눈물 뿌려 비웃을 거야
왜냐고, 내 인생 노래 또다시 새로 쓰기 위해서
왜냐고, 내 행복의 속심을 새로 갖고
신실한 화평을 위해 글을 쓰고
왜냐고? 내 새 수고와 슬픔의 춤사위를 위해
또다시 새노래할 거야.

나는 오늘부터 '키모테라피'를 이기고
암 수술을 이기고 암 덩어리를 이기고
지금까지 지내 온 수고와 슬픔의 춤을 이기고
기쁨의 춤을 추며 갓난아기 '응애' 하는 눈물로 시작하듯
새 웃음 던져 다시 살고 싶어.

이것이 내 하나님과 화평히 만든 의의 옷을 입은
인생 최고 노래라고!

[암 투병 중 일기]

예수를 바라보자

호랑이의 불빛처럼 부릅뜬 눈으로 보면서
여우의 간교한 흘기는 눈으로 살폈지
발바리의 애증스런 눈과 몸짓으로 녹여내고
엄마의 자상한 눈과 마음으로 정성 들이며
세상 나라 내 것처럼 애써서 품으려 힘썼지.

이기지 못하면 틀렸다 함성 지르고
너 말고 내가 최고야 목청 높였던 세상 나라
세월 시간 물 흐르듯 순간에 백발 되어도
아직도 물 위에 띄워 보내지 못한 세상 미련 때문에
얼마나 수없이 가슴앓이하면서 보낸 세상 밤의 꿈인가
"헛되고 헛되며 헛되고 헛되니 모든 것이 헛되도다"

내 영혼아
깨달아 알지어다 헛되고 헛된 세상 꿈을

오직, 바라보고 또 바라보자
갈보리 십자가 예수만을….

"믿음의 주요 또 온전하게 하시는 이인 예수를 바라보자. 그는 그 앞에 있는 기쁨을 위하여 십자가를 참으사 부끄러움을 개의치 아니하시더니 하나님 보좌 우편에 앉으셨느니라"(히12:2)

어쩌라고 태초 본질을

부모는 누구인가
부모에게 나는 또 누구인가

내게 온 세월이라는 벅찬 인생 체험 속에 기쁨 넘친 만남 갖고
서로가 엇갈린 세상 갈림길에서 뼈아픈 헤어짐이지
서로가 무엇을 힘써 주고받으면서 나눴던 삶이기에
작은 목청으로 이렇게 내 부모 이름 부르기만 해도
마음 깊이 복받쳐 오르는 내 설움은 또 무엇인가
무엇으로 어떻게 해야만
서로가 서로에게 냉정히 뿌리쳐진 하늘과 땅의 두 손을 잡고
긴 길을 함께 발맞춰 걷자고 손짓할 수 있을까

매 순간순간 속에 함께 만들었던 여러 모양의 세상일들이
쓰리게 마음 아픈 소꿉놀이 같은 옛적 이야기로 밀려나
이제는 멀고 먼 추억의 뒤안길에 쌓인 아쉬운 정뿐인데

무엇이 아쉬워서 멀리 던져 뿌리치지 못한 채
두 손을 마주 꼭 쥐며 붙잡고 싶고
온 힘 다해 애써 붙잡으려는 나의 어리석음인가

야속하다 어제야
숨 가쁘게 지나쳐 온 힘겨운 순간이 오늘이 되고
내일의 하늘 날이 어제가 되니
내 곁을 춤추며 맴돌던 수없는 님의 빈 발자국이
아픈 가슴 후벼 파고 두 팔 흔들어
내 잊어버린 어리석음으로 저 멀리 떠나는 길 잃은 기러기였네

그래도 아픈 세월이지만 작은 동공 활짝 열어젖히고
우리는 쉼 없이 뜨거운 눈방울로
차가운 우리 아픈 발길 녹이려 하는구려.

비

지난 밤이다
아리조나 사막의 밤은 겨울비로 촉촉이 젖는다
겨울을 지내며 내리는 사막 빗방울이
세차게 몰아치는 휑한 바람 속에 휘청거린다
그렇지만 쉼 없는 빗줄기는 여전히
아침의 깔끔한 햇빛을 맞고도 고집 피우고
내 발길을 붙잡던 두고 온 고향을 연민케 한다

부모의 뼈를 마음 도리듯 묻어 드린 고향의 언덕 위에
예쁘게 내렸던 비도, 어젯밤 힘차게 쏟아지던 빗방울도
오늘의 내 마음 빗물 되어 내 마음을 두드린다
수십 년을 마음에 품고 살던 고향 땅이
마음의 아지랑이가 되고 내 부모 얼굴되어 떠오른다

애리조나 사막에 내리는 아침 찬비가
온통 마음을 흔들어서 뒷마당에 송두리째 팽개친다.

[동화]

겨울 너머로 찾아오는 봄 사랑

이른 아침 잿빛 하늘 햇빛이 모두 손님 되어 옹기종기 모여 재잘거린다. 담장 밑의 조그만 야생화 마을에 내 마음이 기쁨으로 초대받는다. 무심결에 지나치려는 무거운 내 발걸음을 살랑살랑 부는 바람에 흔들리는 어여쁜 노란 꽃잎 하나가 예쁜 손 내밀어, 그냥 지나치는 나를 꽉 붙잡는다.

"그냥 가지 말고 내 예쁜 얼굴도 보고, 내 손도 잡아 주고 가."

싫어, 하고 그냥 지나칠 수 없는 어여쁜 얼굴이 나도 모르게 내 발걸음을 멈춰 세운다. 살랑살랑 불어오는 봄날 새벽 손님 바람도 그들과 함께 손잡고 춤춘다. 그러나 봄 곁에 머문 긴 겨울은 아직도 진눈깨비를 이리저리 흩날리며 온갖 심술부린다.

"어디를 그렇게 바쁘게 가니? 지금은 너무 이른 아침이라 나는 아직도 잠이 덜 깼는데 네가 빠르게 지나가는 발소리에 깜짝 놀랐어. 이렇게 일찍 엄마 심부름 가니?"

"미안해. 지금 나는 아침 운동하러 가는 길이야. 이렇게 걸어서 가면 건강해지고 여기저기에 있는 많은 것을 볼 수가 있어. 그런데 네 이름이 뭐니?"

"응 내 이름은 민들레야. 지난겨울에는 잠꾸러기가 되어서 매일 실컷 잠을 잤어. 그런데 새봄이 왔다고 아빠가 깨워서 이렇게 예쁜 옷을 입고 나왔지. 우리 아빠는 나를 매우 사랑해 줘. 그래서 내가 갖고 싶은 것은 언제든지 내게 넘치게 주시지."

"오! 그렇구나. 어쩐지 네가 무척 예뻐 보이는구나."

우리들의 재미있는 이야기를 들었는지 빨간 얼굴의 예쁜 아이가 잠에서 깨어나 하품한다. 그리고 아직도 덜 깬 눈으로 물끄러미 나를 바라본다.

"아직 이른 아침인데 시끄럽게 해서 미안해. 오늘은 하늘에 햇빛이 많지 않아서 네가 게으름을 피워도 괜찮아. 더 푹 자렴."

"아니 괜찮아. 지난밤에 잠을 푹 잤거든. 나도 민들레처럼 아빠가 새봄이 왔다고 깨워주셨어. 그래서 이렇게 예쁘게 꽃단장하고 예쁜 공주 같은 새 옷을 입었지. 자 어때? 그리고 민들레와 나는 단짝 친구야. 아니, 여기에 있는 모두는 내가 사랑하는 이웃이야."

이때 민들레가 이야기하면서 자기 아빠를 소개한다.

"우리 아빠가 나에게 말씀하셨어. 힘들 때 서로서로 사랑하고 도와주면서 우리에게 오고 있는 멋진 봄날 같은 꿈을 기다리라고 하셨어. 그리고 여름에는 지금보다 우리가 아주 커서 어른이 될 거야. 우리 마을도 지금보다 더 예쁘게 가꾸면서 우리는 기쁘고 즐겁게 살아갈 거야. 하루하루 내 이웃을 사랑하면서 더 행복하게 살 수 있기 때문이야."

"그래, 너와 네 친구가 가진 꿈이 무엇인데?"

"응, 우리는 모든 게 풍성한 여름을 멋지게 즐기고 낭만이 넘쳐나는 낙엽 떨구는 가을을 기다리지. 그리고 편안하게 쉼을 누리는 겨울밤 깊은 잠을, 우리 아빠와 함께 잘 수가 있거든. 창밖에는 아름다운 흰 눈이 펄펄 내리고, 아빠 품에 꼭 안겨서 오랫동안 편히 쉴 수 있어."

"와~우, 너희 아빠는 정말로 멋있는 분인 것 같애."

"맞아 우리 아빠는 정말로 멋쟁이야. 너도 한번 우리 아빠 만나 볼래? 너도 우리 아빠 만나면 금방 좋아하게 될 거야. 그리고 우리 아빠도 너를 매우 좋아할 거야."

"그래? 나도 너희 아빠를 만나 보고 싶어. 너희를 보니 너희 아빠가 누구이신지 보고 싶은걸. 정말로 너희는 좋겠다. 너희 좋지?"

우리가 재미있게 나누는 이야기를 들은 보라색으로 예쁘게 얼굴을 치장한 아이들이 모두 잠에서 깨어나 길게 하품한다. 그리고 너도나도 일제히 이야기하기 시작한다. 모두가 한목소리 되어.

"나 이쁘지, 나도 이쁘지. 우리 모두 이쁜 아이야. 우리는 지금처럼 화사하게 햇빛이 비치고 따뜻한 봄날이 와서 매우 좋아."

"아참! 그런데 오늘이 무슨 날이니? 모두가 예쁘게 옷을 입고 이렇게 이른 새벽에 모두가 다 일어났으니까? 아직도 봄바람이 약간은 쌀쌀한데 괜찮니? 이런 날은 조심해야 한단다. 잘못하면 감기에 걸리거든."

"우리는 그런 걱정 안 해요. 왜냐하면, 우리 아빠가 모든 것을 지켜 주고 우리를 안전하게 보호해 주시니까. 우리는 아빠만 믿고 열심히 뛰어놀고 함께 기쁘게 살아가면 되거든. 참 오늘이 무슨 날이냐고 물어보았지. 오늘은 옆의 마을에서 새로운 친구가 놀러 오기로 했어. 매우 재미난 친구들인데 우리에게는 정말로 소중한 친구야. 그러니 조금만 기다려. 그 친구들이 오면 너에게 소개해 줄게."

"오! 그렇구나. 그런데 너희들은 아침밥을 먹지 않니? 배가 고플 텐데. 나는 벌써 배가 몹시 고픈걸. 이상하게 나는 먹어도 또 먹어도 매일 배가 고프단다."

"우리는 걱정할 것 없어. 우리 아빠가 맛있는 아침 밥상을 차려 줄 거야. 우리 아빠는 우리가 건강해질 수 있도록 항상 맛있는 밥을 만들어 주시지. 너희는 먹고 마시고 옷을 입는 것을 염려하거나 걱정하지 말라고 했어. 어떠니?"

"너희는 매우 행복하겠구나. 너희들이 부럽네 부러워. 참, 너희 친구는 언제 오니? 내가 이래도 매우 바쁜 몸이거든. 그리고 나는 기다리는 것은 정말 싫어해. 딱! 질색이야. 누구든지 한참 기다리는 것은 싫어."

"호, 호, 호, 알았어. 그런데 조금 더 기다려야 하는데 어떻게 할래? 다른 때 같으면 벌써 올 시간인데 친구들에게 무슨 일이 생겼나, 이해해 주고 편하게 기다려 주면 곧 올 거야."

"야! 저기를 봐. 저기에 친구가 많이 오고 있네."

"어디, 어디야? 아니, 저들이 너희들의 친구이니? 꿀벌이 아니니? 윙 윙 소리를 내고 날라서 오는 모습이 꼭 꿀벌인데. 아니, 어떻게 꿀벌이 너희들처럼 예쁜 아이들과 친구가 되었니?"

"응, 우리는 태어나기도 전부터 꿀벌하고 친구였다고 아빠가 말해줬어. 우리는 꿀벌이 매우 좋아하는 꿀을 만들지. 그러면 꿀벌 친구가 와서 우리의 꿀을 맛있게 먹고 가."

"그럼 너희가 손해 보는 거 아니야? 너희가 힘들게 일해서 꿀벌에게만 좋은 일하는 것 같아. 나는 손해 보는 일은 하고 싶지 않아."

"아니야. 이웃하고 서로 도와서 좋은 일로 사랑하면서 함께 살아야 한다고 아빠가 말씀하셨어. 내가 먼저 이웃에게 좋은 일을 베풀어 주면, 이웃도 나에게 좋은 일을 베풀어 준다고 하셨지. 이웃에게 절대로 인색하게 하면 안 된다고 했어. 나는 늘 아빠 말씀을 기억하고 있어."

"어, 친구들이 왔네. 애들아, 겨울 동안 잘 있었니? 너희들이 잊지 않고 우리 마을에 와줘서 정말 고마워. 얼마나 많이 기다렸는데, 와 줘서 고마워. 참, 인사해. 오늘부터 친구가 되기로 한 우리 친구란다."

민들레 소개에 정중하게 내가 먼저 꿀벌에게 인사한다.

"그래 맞아. 나도 너희하고 친구가 되고 싶어. 안녕 꿀벌아? 그런데 너희들은 아주 먼 다른 마을에서 친구를 찾아왔지. 너희는 매우 부지런한 것 같구나."

"만나서 반가워. 내 이름은 꿀벌이야. 우리 앞으로 좋은 친구가 되자. 너도 나의 도움이 필요하면, 항상 나에게 말해줘. 가능하면 무슨 일이든지 열심히 도와줄게."

"고마워. 나도 지금부터 이웃을 미워하지 않고 이웃을 도와주면서 열심히 살 거야. 야호, 이거 대박인걸. 너희처럼 서로 아끼고 사랑하는 친구가 생겼으니 매우 행복해. 그동안 나는 이웃과 친구에게 심술궂게 살아온 것 같다. 너희처럼 예쁜 마음으로 살아갈게. 우리 오랫동안 잘 사귀고 재미있게 놀자. 그런데 언제 가니?"

"응, 아빠가 친구들과 오랫동안 놀다 오라고 했어. 깜깜하기 전에 가면 되지."

"와, 무척 좋구나. 친구가 많으니. 꼭 잔치 같은걸. 이렇게 많이 모였으니 우리 신나게 한번 놀아 볼까?"

"그래, 좋아 좋아! 완전히 좋아."

드디어 잔치가 시작되었다. 하늘 높은 곳에서 내리쬐는 햇빛은 화사하고 아름다운 오색 빛으로 잔치 무대를 비추기 시작한다. 갑자기 어두움도 만들고 해바라기처럼 둥글게 멋진 조명을 만든다. 이어서 바람이 만들어내는 연주가 시작된다. 점잖은 영국 신사처럼 서로 눈치만 보던 친구들이 서로 뒤질세라 무대 위에 뛰어올라서 열창한다. 모두 신나게 춤을 춘다. 맛있는 음식도 먹기 시작한다.

"얘들아, 우리도 함께 놀자. 너희가 재미있게 노는 모습이 너무 부럽다. 괜찮니?"

"물론이지, 괜찮고말고. 너희가 함께 놀아 주면 엄청 고마워."

"환영해! 환영해! 환영해!"

이때다. 봄날 친구 잔치가 성대하게 기쁨 가운데 펼쳐지는 마을 마당 위의 하늘에는 멋진 하늘 친구 새가 수없이 모여든다. 그리고 잔치를 위해 축하 비행한다.

참새, 종달새, 뻐꾸기, 제비, 까마귀, 앵무새, 까치, 그리고 하늘의 왕인 독수리까지 모두 모였다. 그들은 하늘 이리저리 자유스럽게 날면서 기쁨으로 노래한다. 그들의 잔치 축하 비행 쇼는 정말 환상적이다.

"멋있어 정말 멋있어. 나도 너희처럼 멋들어지게 날고 싶어"

"햇빛아, 바람아 이제 너희가 더 바쁘게 되었어. 멋진 연주자를 더 불러올 수 없니?"

"걱정할 것 없어. 우리가 훌륭한 연주자를 초대했거든. 곧 올 거야."

"그래, 고마워. 햇빛아, 바람아."

햇빛이 특별 손님으로 안개를 불러왔다. 햇빛이 안개와 함께 어우러져 점점 더 멋진 조명을 연출한다. 바람도 번개를 특별 손님으로 초청해서 엄청난 고음의 음률로 잔치를 환상적으로 이끌어 가고 있다. 친구들의 잔치가 큰 기쁨 속에서 서로가 서로와 사랑의 포옹하면서 넘치는 우정과 사랑을 마음껏 나누고 있다.

"고마워, 고마워 만나서 매우 반가워! 우리 마음껏 사랑하면서 행복하게 잘 살자."

너무, 너무나 멋진 땅과 하늘의 친구들이 한마음 되어 한 사랑의 마음으로 맺어지는 우정과 사랑의 봄 사랑 잔치 모습이다. 땅과 하늘에 사는 모든 친구가 서로 사랑하니 그들 가운데 기쁨이 넘쳐난다. 이웃의 어려움을 사랑으로 돕고 기다려 주면서 서로서로 도와주는 사랑의 새마을이 탄생한다.

"사랑은 언제나 온유하고…."

"사랑해 친구들. 모두 모두 안녕! 우리 또다시 만나자!"

정영만 자전에세이

예수의
사랑